Holger Reiners

# Bauernhäuser umbauen

Renovieren, restaurieren,
neu gestalten
Wohnen auf dem Lande

Callwey

BAUART

Die Deutsche Bibliothek –
CIP-Einheitsaufnahme
**Bauernhäuser umbauen:**
renovieren, restaurieren, neu
gestalten / Holger Reiners. –
München: Callwey, 1995
(BauArt)
ISBN 3-7667-1151-2
NE: Reiners, Holger


Umschlaggestaltung (unter Verwendung einer Abbildung des Projektes auf den Seiten 166–169) HBC-Design München
Buchgestaltung Helmut Gebhardt, München, unter Mitarbeit von Stephan Riedlberger
Lithos Karl Findl, Icking
Satz Filmsatz Schröter, München
Druck und Bindung Kösel, Kempten
Printed in Germany 1995
ISBN 3-7667-1151-2

# Einleitung

Siehe Projekt auf Seite 108.

## Texte

Bauernhäuser umbauen – das ist eine herrliche Aufgabe. In dem einführenden Text erfährt der Bauherr alles Wichtige von der Besichtigung eines alten Hauses, über den Kauf, das Wesen seiner Architektur und die Planung bis zum Einreichen der Baugenehmigung. Angaben zur Ermittlung der Baukosten und der Honorare für Planung und Baubetreuung sowie Informationen zu den unumgänglichen Versicherungen bereiten auf den Umbau vor und machen den Bauherrn zu einem kompetenten Gesprächspartner der Architekten und Fachingenieure. Die Texte zu den einzelnen Projekten führen in die Bauaufgabe, die Geschichte und die Planungsziele ein und geben dem Leser die notwendige Hintergrundinformation zum Verständnis und Bewertung der vorgestellten Projekte. Diese können willkommener Erfahrungsschatz sein, an dem sich die eigene Kreativität entzündet, sie sollen den Blick schärfen für den Umgang mit wertvoller und oft einmaliger alter Bausubstanz und als Ideenfundus für die eigene Planung dienen. Vor allem aber sollen sie begeistern und Mut machen, sich auf das Abenteuer Bauernhaus einzulassen, und die Gewißheit schaffen, daß am Ende ein einmaliges Stück Architektur entstehen wird, das in seiner wiedergewonnenen Ausstrahlung uns allen zugute kommt.

## Pläne

Jedes Projekt wird mit den wichtigsten Grundrissen im Maßstab 1:200 dokumentiert. Da bei den meisten Umbauprojekten auch der originale Bestand erläutert wird, konnte auf die Pläne des vorgefundenen Zustandes verzichtet werden. Außerdem zeigen die dokumentierten Projekte fast durchgängig, daß die ursprüngliche Grundrißordnung der Häuser nur wenig angetastet wurde – aus Respekt vor der Substanz, zur Vermeidung unnötig hoher Baukosten und auch, weil die alten Grundrisse heute noch hervorragend funktionieren, wenn man nur ihre technische Ausstattung dem jetzt möglichen Standard anpaßt. Das Geheimnis liegt oft in der Gleichartigkeit der Räume, ihren gut nutzbaren Größen und den stimmigen Proportionen, die nur schlecht einen durchgreifenden Eingriff vertragen. Sich in die kleinen Funktionsgeheimnisse der alten Bauernhäuser aus unterschiedlichen Landschaften einzulesen, lohnt, besonders für die neuen Grundrißgliederungen der meisten großen Stall- und Scheunenbereiche. Hier zeigt sich im Entwurf die kundige Hand eines Architekten, aus großen Flächen und Volumina ein für den Gesamtbau richtiges, stimmiges Raumkonzept entstehen zu lassen, das dem alten Haus keine Gewalt antut und zugleich behagliche Räume schafft für eine veränderte Nutzung. So sind die Pläne als Lese- und Einstimmungshilfe gedacht, um sich planerisch auf die eigene Umbaumaßnahme vorzubereiten und Anregungen zu holen.

## Fotos

Die Fotos, die die Projekte dokumentieren, wurden nach drei Kriterien ausgewählt: Sie sollen die Architektur des Bauwerkes im Zustand vor dem Umbau zeigen, um zukünftigen Bauherren zu zeigen, auf welches Abenteuer sich andere vor ihnen eingelassen haben. Die Bestandsfotos machen deutlich, daß aus einer schon fast zusammengefallenen alten Bausubstanz durchaus wieder ein stattliches Anwesen werden kann. Schließlich sollen sie auch zeigen, in welchem formalen Zusammenklang die aufgearbeitete, umgebaute oder auch veränderte Architektur mit der sie umgebenden Landschaft steht. Und welch eindrucksvolle Wirkung die oft nur wenigen, ortstypischen Materialien, die die Baumeister der Vergangenheit verwendet haben, auf uns Betrachter haben: sie sind Abbild der klimatischen Bedingungen, in denen sie stehen, Form und Funktion bedingen sich im Detail und in der großen Form, deren Inhalte und Bedeutungen wir häufig erst wieder dechiffrieren müssen, um das Programmatische dieser Architektur zu verstehen. Auch darauf wollen die Fotos verweisen. Sie laden dazu ein, zu überprüfen, ob heutiges Entwurfskonzept und gestalterisches Ergebnis zusammenklingen und überzeugen, in der Außenwirkung und in den Innenräumen, deren Formensprache das interessante Spannungsfeld von perfekter Restaurierung bis zur avantgardistischen Neuinterpretation beschreibt. Vorgestellte Details, Raumausschnitte und innenarchitektonische Konzepte weisen auf die jeweils individuell erarbeiteten gestalterischen Lösungen hin: Wie gingen Bauherren und Architekten mit welchen Räumen um. Keine der vorgestellten Lösungen wird sich auf das eigene Bauernhaus übertragen lassen, das ist auch nicht beabsichtigt. Sie können jedoch zeigen, welche Möglichkeiten in alten Häusern stecken, und den Bauherrn bestärken, auch für das eigene eine persönliche Lösung zu finden, die der überlieferten Architektur einen neuen, überzeugenden Inhalt gibt.

## Kosten

Nicht jeder Bauherr schätzt es, wenn sein Haus wie mit Röntgenstrahlen durchleuchtet und bis hin zu den Kosten offengelegt wird. In manchen Beispielen waren die Baukosten am Ende gar nicht mehr vollständig ermittelt worden, bei anderen waren die Eigenleistungen nicht bewertbar, so daß die Bausumme nur annähernd ermittelt werden konnte. Es wurden daher die Kosten nur angegeben, wenn sie sich genau feststellen und über einen Index auf die Preise von 1995 hochrechnen ließen, um einen unmittelbaren Vergleich zu erreichen. Aus dem gleichen Grund wurde nicht die Summe der Gesamtkosten eines Projektes angegeben, sondern als sehr viel aussagefähigere Zahl die Baukosten je Quadratmeter Wohnfläche. So können interessierte Bauherren ablesen, wie sich welcher bauliche Standard bei welch umzubauender Fläche auf die Kosten auswirkt. Es lassen sich mit diesen Vergleichszahlen erste eigene Schätzungen vornehmen und Budgetvorstellungen formulieren. Vor allem aber zeigen die Kostenangaben, daß sich die eigene Umbaumaßnahme auch mit sehr knappem Budget realisieren läßt – dies belegen die vielen dokumentierten Projekte, die mit niedrigen Baukosten je Quadratmeter Wohnfläche ausgekommen sind.

## Dank

Den Bauherren, die so großzügig Einblick in ihre Häuser gegeben und den Architekten, die die Planung erarbeitet und sie für dieses Buch zugänglich gemacht haben, sage ich meinen herzlichen Dank für die Mitarbeit. Ebenso den Fotografen, die ihre Arbeiten zur Verfügung gestellt haben, gilt mein Dank sowie dem Verleger, Herrn Helmuth Baur-Callwey und meinem Lektor, Herrn Roland Thomas, die auch dieses Buch wieder mit großem Engagement und Verständnis begleitet haben. Den beiden angehenden Architekten Frank Stille und Stephan Isphording danke ich für die einheitliche Bearbeitung und das Zeichnen der Pläne, ohne die die Projekte nicht in der gewünschten Form lesbar wären.

# Aspekte der Umnutzung alter Bauernhäuser

Keine falsche Romantik: Dieses typische Schwarzwaldhaus zeigt mit seinen neuen Architekturelementen, daß die Zeit als Bauernhof abgelaufen ist. Nur durch eine veränderte Nutzung konnte das für die Landschaft so vertraute Bild des Schwarzwaldhauses erhalten werden. Ein gelungener Kompromiß.
Architekten: Werkgruppe Lahr, Lahr

**Wenn Städter aufs Land ziehen – mehr als der Wunsch nach ländlicher Idylle**

Wenn Städter ein altes Bauernhaus umbauen und bewohnen – treibt sie nostalgische Sehnsucht nach einer trügerischen romantisch-ländlichen Idylle oder die nüchterne Kalkulation, Wohnraum außerhalb der kaum noch bezahlbaren Großstädte zu finden? Vielleicht ist es auch der Reiz der besonderen, oft anonymen Architektur der alten Häuser? Fast fünfzig Beispiele in diesem Buch zeigen, daß der Umzug aufs Land mit Sehnsucht allein nicht erklärt werden kann, es ist ganz offensichtlich auch die besondere Faszination, die von den einzelnen Bauten ausgeht, innen und außen. Mag nun die Frage nach erschwinglichem und ausreichendem Wohnraum zur Suche eines geeigneten Objektes führen oder aber ein altes Erbgrundstück vorhanden sein oder auch einfach viel Platz unter einem Dach gesucht werden, die Entscheidung zum Umbau eines sanierungsbedürftigen Bauernhauses ist immer mit einem besonderen Risiko behaftet. Der Zustand der alten Substanz ist vor Baubeginn nur bis zu einem gewissen Grade einzuschätzen, und so bleiben viele Unwägbarkeiten in dem langen Prozeß von der ersten Planung bis zur Fertigstellung. Allen in diesem Buch vorgestellten Projekten ist gemeinsam, daß die ehemalige landwirtschaftliche Nutzung der Gebäude einer anderen Verwendung gewichen ist: Es entstanden fast ausnahmslos reine Wohnhäuser oder Wohnungen in ursprünglich für ganz andere Zwecke bestimmten Räumlichkeiten. Diese veränderte Nutzung bedarf des richtigen Verhältnisses zwischen dem Konservieren eines ursprünglichen Zustandes und einer neuen Interpretation: Das Objekt soll ja realen Zwecken dienen und nicht nur eine museale Aufgabe erfüllen – die übernehmen die leblosen Museumsdörfer. Und der Wandel der Zeit sollte sich auch in den Wandlungen der Substanz zeigen. Für diese Aufgabe benötigt man Geduld und Wissen um Architektur, Bautechnik und Geschichte, eine umsichtige Planung und eine große Portion Enthusiasmus im Umgang mit den kleineren und größeren Katastrophen, die sich erst im Verlauf der Arbeiten ereignen. Damit ein solches Unternehmen zum erfolgreichen Abenteuer und nicht zum unkalkulierbaren finanziellen und bautechnischen Desaster wird, bedarf das bauliche Konzept der planenden Hand eines kundigen und für eine solche Bauaufgabe engagierten Architekten. Wie verfallen oder unvollkommen auch immer die vorgefundenen Gebäude sein mögen, sie besitzen einen wertvollen Vorteil gegenüber dem Reißbrettentwurf eines neuen Hauses: sie existieren bereits in ihrer realen Größe – sozusagen als ein 1:1-Modell, in dem Bauherr und Architekt planerisch spazieren gehen können.

Die Phantasie des Laien kann auf diese Weise oft besonders beflügelt werden oder sich entzünden. Das zeigen die Beispiele der vorgestellten Häuser, in denen immer auch das Moment der formalen Konfrontation gesucht wurde – ausgehend vom Bestand, der oft eine Verfremdung oder Neuinterpretation geradezu herausfordert. Der architektonische Reiz alter Bauernhäuser liegt auch in der Einmaligkeit vieler dieser Gebäude, die alle kulturgeschichtlich eine wichtige Funktion haben – sie sind unwiederbringliche Zeugen der Bau- und Architekturgeschichte, deren Schöpfer oft anonym bleiben. Ihre Rettung schafft eine besondere emotionale Bindung der künftigen Besitzer an ihr Haus, auch das belegen die Beispiele. Damit beruht der Umbau eines alten Bauernhauses nicht nur auf dem Gefühl für eine romantische Form des Lebens, sondern ist meist auch als bewußte Entscheidung für ein Umfeld, das erhaltenswert den persönlichen Einsatz und die Investitionen lohnt. Schließlich kosten gerade diese Art von Erhaltungsmaßnahmen mehr Geld, als unbedingt nötig ist, um nur praktischen Zwecken zu dienen. Die kaputtsanierten Dörfer landauf landab bestätigen dies.
Daß alte Bauernhäuser oft landschaftlich besonders reizvoll liegen und ein Neubau an gleicher Stelle häufig gar keine Genehmigung finden würde, ist ein zusätzlicher positiver Gesichtspunkt. Und daß solche Unternehmen bei kluger Planung nicht zuviel Geld verschlingen, sondern sogar kostengünstiger als ein Neubau ausfallen können, sollte interessierte künftige Bauherren besonders aufhorchen lassen. Wenn auf diese Weise neuer Wohnraum entsteht und gleichzeitig erhaltenswerte Gebäude vor dem Verfall gerettet werden, ist eine überzeugende Verbindung zwischen persönlichen und kulturgeschichtlichen Bezügen geschaffen. Sie kommt uns allen zugute.

Linke Seite:
Liebevolle Details schaffen
die richtige Stimmung.

Erinnerungsstücke an eine
zurückliegende Zeit,
behutsam restauriert.

**Erhalt eines landschaftstypischen Getreidespeichers durch Umnutzung als Ferienhaus. Architekt: Johannes Spalt, Wien (siehe auch Seite 17).**

### Das Wunschhaus – suchen oder finden?

Vereinfacht formuliert, existieren zwei Arten von Interessenten, die ein Bauernhaus suchen. Einmal die klar Entschiedenen, die unbedingt aufs Land wollen und strategisch ihre Objektsuche angehen. Die andere Gruppe sind Menschen, die sich irgendwann irgendwo spontan in ein Anwesen verlieben, es bei großem Zufall vielleicht sogar erwerben können oder aber, einmal vom Bazillus der Liebhaberei angesteckt, nun ihre Suche beginnen. Die Arbeit an diesem Buch, die eigene Erfahrung und Gespräche mit weit über hundert neuen Bauernhausbesitzern haben ein erstaunliches Ergebnis gezeigt: Beide Gruppen gelangten irgendwann ans Ziel und haben ein altes Haus gekauft, aber eigentlich nie das, welches sie ursprünglich erträumt hatten.

Fest steht, das Wunschhaus zu finden, ist ein langer und oft mühevoller Weg, für den man sich viel Zeit nehmen sollte. Alte Häuser bilden einen enormen Markt und sind um so begehrter, je näher sie bei einer Großstadt liegen. Das sollte einen dennoch nicht abschrecken. Vielmehr braucht ein Interessent in erster Linie Mut und Ausdauer und die geheime Zuversicht, irgendwann genau das passende Haus zum richtigen Preis zu finden. Dabei wird die Suche zeigen, daß der niedrigste Kaufpreis nicht unbedingt die günstigste Investition garantiert. Dieses Gespür stellt sich aber erst nach mehreren Ortsterminen ein. Natürlich sind sorgfältige strategische Überlegungen bei der Suche behilflich, wie der Entfernungsradius des bevorzugten Ortes zur nächsten Stadt, die Verkehrsanbindung, der Kindergarten, Schule, Freizeiteinrichtungen, Läden und was man sonst so alles aus der Stadt gewohnt ist. Oft zeigt sich aber, daß diese Determinanten des Objektes an Wichtigkeit verlieren, denn die schönsten Angebote haben natürlich diese Mehrfachkombination an Vorteilen nur in Ausnahmefällen. Das werden die Gespräche auf den Liegenschaftsämtern der Gemeinden, in denen man bevorzugt wohnen möchte, ergeben oder die Gespräche mit Bürgermeistern, die am ehesten wissen, welches Objekt möglicherweise irgendwann zum Verkauf steht. Für den Suchenden sind natürlich auch die Verkaufsanzeigen der örtlichen oder regionalen Makler eine Fundgrube in Tageszeitungen wie Anzeigenblättern. Und doch lohnt es sich, solchen Anzeigen nachzugehen, die Häuser zu besichtigen und Erfahrungen zu sammeln hinsichtlich ihrer Substanz, Lage, Grundstücksgröße und ihres Preises. Interessant können Objekte sein, die über Zwangsversteigerungen veräußert werden sollen, die Termine stehen in den Tageszeitungen und hängen in den Amtsgerichten der Region aus. Parallel zur eigenen Suche kann man natürlich auch selber Anzeigen aufgeben, Makler beauftragen und auch bei den örtlichen Banken und Sparkassen anfragen, ob sie Häuser anbieten, die wegen Finanzierungsschwierigkeiten veräußert werden sollen. Weitere Möglichkeiten bieten die Landesbausparkassen, die oft eigene Immobilienabteilungen unterhalten. Denn erst nach dem Besuch mehrerer alter Bauernhäuser, Ställe, Scheunen, Mühlen, Speicher oder Nebengebäude schärft sich der Blick, erst dann können Preisvorstellungen beurteilt werden, stellt sich das Gespür für die architektonische Qualität der Angebote ein, und die Anzahl der wirklich interessanten Objekte reduziert sich. In diesem Stadium der Suche bieten sich oftmals die besten Chancen. Der Interessent ist inzwischen kundig, kann wirkliche Qualitäten erkennen und sieht auf den ersten oder zweiten Blick, wie sich Grundstückssituation, Gebäudezustand, Größe, architektonischer Reiz, geschätzter Renovierungsaufwand und geforderter Preis zueinander verhalten. Und dann passiert es, daß man sich plötzlich und meist vollkommen unerwartet in ein altes Haus verliebt und es unbedingt haben möchte. Ganz gleich, ob es nah an der Stadt liegt, ob genügend Geschäfte vorhanden sind und die Kinder eine Schule am Ort finden. Viele Überlegungen verflüchtigen sich, und das Objekt selbst wird so wichtig, daß ihm die Ausgangsbedingungen geopfert werden. Dann ist es soweit, das Richtige ist gefunden, aus dem Objekt wird das eigene Projekt. Es werden sich Möglichkeiten finden, den vielleicht höheren als geplanten Preis zu bezahlen, langwierige Restaurierungen auf sich zu nehmen, bis aus einem verfallenen Bauernhaus das Wunsch-Traum-Haus für den Städter wird.

### Eigene Bestandseinschätzung und Kaufentscheidung

Vorbei ist die Zeit, als Bauernhäuser zum Nulltarif angeboten wurden und nur das Grundstück einen Wert hatte. Bauernhäuser sind heute gesuchte Immobilien, die ihren Preis haben. Um festzustellen, ob sich die Preisforderung des Alteigentümers und die Wertvorstellungen des Käufers in Übereinstimmung bringen lassen, empfiehlt es sich, jedes besichtigte Haus einem kurzen »Gesundheitstest« zu unterziehen (siehe Kapitel Die bautechnische Untersuchung), das heißt, den zu erwartenden Sanierungsaufwand abzuschätzen, die Modernisierungskosten und die Kosten für eventuelle Neubauteile zu veranschlagen. Ohne fachliche Unterstützung wird der Laie ein altes Haus kaum begutachten können. Er kann in der Regel nur nach Augenschein den Reiz des Gebäudes und seine Grundstückssituation bewerten. Wie sich aber nach dem Kauf der Erhaltungs- und Umbauaufwand differenziert darstellen wird, das sollte er seinem Architekten überlassen, den er zu allen Besichtigungsterminen, die Aussicht auf Erfolg, also Erwerb haben, unbedingt mitnehmen sollte. Es empfiehlt sich, für diese Beratung ein Pauschalhonorar je Objekt auszumachen, das die grobe Bestandsuntersuchung einschließt und damit Auskunft gibt, wie realistisch der Preis des Verkäufers ist. Eine zweite Schätzung sollte überschlägig die Umbaukosten ermitteln, am besten je Quadratmeter umzubauender Fläche, unterteilt nach bisheriger Wohnnutzung und den noch nicht ausgebauten Teilen wie Stall, Scheune oder Nebengebäude. Der Architekt wird die regionalen Baupreise kennen und kann so das notwendige Budget ausreichend genau über Quadratmeter und Kubatur – bei Scheunen zum Beispiel sehr viel aussagefähiger als der Quadratmeterpreis – und grob genommene Gebäudemaße skizzieren. Bei begehrten Objekten wird ohnehin nicht viel Zeit bleiben, die Entscheidung muß oft innerhalb von Stunden oder Tagen fallen – zumindest für ein erstes Gebot. Bestandsbewertung und Kostenschätzung ergeben in der Addition das Gesamtvolumen aus Kaufpreis und Umbaukosten. Hinzuzurechnen sind auf die grob geschätzten Baukosten noch etwa 20–25% Nebenkosten für das Architektenhonorar, eventuell benötigte Fachingenieure und Gebühren und zusätzlich noch Kosten für die Außenanlagen. Zusammen stellen die vier Kostenblöcke das Budget dar, das aufgebracht und finanziert werden muß. Und dann stellt sich die Frage, ist dieses alte Haus das finanzielle Engagement wert oder nicht? Diese Frage zu beantworten ist schwierig genug, aber durch die Bestandsbewertung und die veranschlagten Kosten erhält sie einen realen Hintergrund und bleibt nicht nur Abenteuer. Gekauft wird ein altes Haus wie besehen – Haftung ausgeschlossen. Auch deshalb kann jedem Interessenten nur dringend geraten werden, einen Kenner alter Bauernhäuser zur Kaufentscheidung hinzuzuziehen. Das Geld für die Beratung ist gut angelegt.

## Vom Umgang mit der alten Bausubstanz

Wer die in diesem Buch publizierten Beispiele durchsieht, wird zu dem Ergebnis kommen, daß alle Bauherren und Architekten ein geschichtliches Interesse mit Verantwortung für historische Bausubstanz verbanden. Alle empfanden als größten Wert des alten Bauernhauses sein Alter selbst. Darum wurde auch alles, was wirklich alt war, erst einmal geschützt, dann dokumentiert (Zeichnungen, Fotos, Text) und schließlich in die Planung so einbezogen, daß es nach der Konservierung im originalen Zustand in die neue Nutzung eingebunden wurde. Das gilt im Großen wie im Kleinen, für die Gebäudeform, seine Fassade, den Grundriß und die Konstruktion genauso wie für die Details, wie Reste einer Bemalung, alte Fenster mit ihrem noch mundgeblasenen Glas und den kunstvollen Zierbeschlägen oder Türen, alte Dielen, Öfen und die oft windschiefen Einbauten, die sich über die Jahrhunderte an die Formveränderungen des Hauses angepaßt haben.

**In so reinem Erhaltungszustand sieht man die Bauernhäuser häufig nur noch im Freilichtmuseum wie hier bei Colmar im Elsaß.**

Solche Originalbestandteile sind kostbar, sind Kulturgut und zählen zu Recht zur Volkskunst, für die es inzwischen einen florierenden Markt gibt. Bauherren kann übrigens nur empfohlen werden, ihr gerade erworbenes altes Haus gegen Zugriffe von ungebetenen Interessenten zu sichern und alles, was bei den Bauarbeiten Schaden nehmen könnte, geschützt auszulagern. Es wäre zu ärgerlich, all die liebenswerten Dinge des alten Hauses auf einer Auktion ein zweites Mal erwerben zu müssen – wenn sie denn überhaupt wieder auftauchen. Wer Altes erhalten möchte, wird bei den Denkmalpflegern auf große Achtung stoßen und so manches an Veränderungen durchsetzen können, was zu erhalten wirklich fragwürdig ist. Schließlich handelt es sich um ein belebtes Wohnhaus, nicht um ein Museum; auch die gut konservierten Teile werden irgendwann neue Gebrauchsspuren haben, das gehört zum Leben und Wandel eines Hauses dazu.

Konservieren ist in erster Linie das technische Prozedere des Erhaltens und Fixierens, während das Renovieren ein Aufarbeiten darstellt, um die Substanz wieder gebrauchsfertig zu machen. Im Wohnungsmodernisierungsgesetz von 1976 wird es so formuliert: »Instandsetzung ... ist die Behebung von baulichen Mängeln, insbesondere von Mängeln, die infolge Abnutzung, Alterung, Witterungseinflüssen oder Einwirken Dritter entstanden sind, durch Maßnahmen, die den zum bestimmungsgemäßen Gebrauch geeigneten Zustand wiederherstellen.« Damit ist nicht das Rekonstruieren gemeint, das einen vielleicht wünschenswerten Zustand einer vergangenen Epoche wiederaufleben läßt. Dem Rekonstruieren wohnt das Nostalgische inne, das sich mit dem Verlorenen oder Zerstörten nicht abfinden kann. Zur gelebten Geschichte gehört aber auch der Wandel und der Verfall. Jüngste Gegenbeispiele in Frankfurt, Dresden, Berlin oder Hildesheim gaukeln das Wiedererstehen stadtgeschichtlicher Werte vor, die schon einmal gänzlich verschwunden waren. Überzeugende Beispiele hingegen des Erhaltens und Rettens von noch Vorhandenem und dem Umgang mit dem Rest, daß Alt und Neu eine kongeniale Sprache sprechen, zeigen Bauten in Venedig, Verona oder Parma, wo Rettungskonzepte für alte Häuser diese auch wirklich am Leben erhalten, auch wenn ihre ursprüngliche Funktion aufgegeben werden mußte. Dort findet sich häufig eine Architektursprache, die ganz selbstverständlich das Leben eines Hauses fortsetzt – inhaltlich und formal und damit jede Form peinlicher Dekoration vermeidend. Warum nicht den Maßstab für die eigene Renovierung und den Umbau eines alten Bauernhauses genau so hoch ansetzen? Ein gutes Ergebnis ist nicht einfach eine Frage des Preises, sondern der kundigen Hand, die aus einem angemessenen Budget das Beste macht. Ein solches Arbeiten verlangt den verantwortungsbewußten Bauherrn, der beim Instandsetzen auch die Umgebung mit berücksichtigt, um dem Ensemble den Eindruck eines harmonischen Ganzen zu geben, bis hin zur Einbindung des eigenen Hauses in das Dorf- und Landschaftsgefüge. Zur überzeugenden Wirkung gehören das stimmige Umfeld des Hauses, seine Außentreppe, die Pflasterung auf dem Hof, das alte Gatter, der Vorgarten und Hausgarten sowie die Nebengebäude.

Erhalten zeugt von Interesse und Wertschätzung, zugleich ist der Wunsch nach Veränderung, nach zeitgemäßen Wohn- und Lebensformen ein ganz selbstverständliches und legitimes Anliegen, aber auch eine Gratwanderung, für deren Bewältigung es kein Rezept geben kann. Sicher wird sich jeder Bauherr erst einmal in der Umgebung umsehen, wie ähnliche Häuser im Originalzustand oder nach einem Umbau aussehen. Viele gute Beispiele wird er dort nicht finden, aber zumindest die Gewißheit, es so gerade nicht machen zu wollen. Veränderungen an einem Haus sollten deutlich machen, was neu und was alt ist. Der neue Zustand sollte nach Möglichkeit die Struktur des alten Hauses nicht antasten. Nicht nur, weil das besonders teuer wird, sondern weil ein möglicher Originalzustand ein für allemal verloren ist. Am Ende wird der Kompromiß stehen, der den Urzustand mit einer Zukunft für das alte Haus verbindet. Gut, wenn das so behutsam wie möglich geschieht und das Neue sich einfühlsam in das Alte integriert oder es mit einem gekonnten Kontrast würdigt. Sind nicht »Ungenutzte Gebäude schon Ruinen, ehe sie verfallen«, wie Manfred Sack es einmal so treffend formuliert hat? Ansporn und willkommene Legitimation für jeden, der sich in ein altes Bauernhaus verliebt hat.

## Altbausubstanz Bauernhaus – ökologisch, wohnhygienisch und wirtschaftlich wertvoll

Jedes alte Bauernhaus stellt ein ökonomisches, ökologisches und emotionales Kapitel dar, das der verantwortungsvolle Interessent nutzen kann.
Die Wiederverwendung alter Bausubstanz ist ein sinnvoller Beitrag, mit den Ressourcen sparsam umzugehen, unnötigen Energieverbrauch zu vermeiden und Naturflächen zu schonen, die sonst einem Neubau weichen müßten. Auch wenn es zahlenmäßig kleine Beiträge zum Umweltschutz sind, so sollte man sie doch nicht vernachlässigen. Jedes Bauernhaus mittlerer Größe ohne Nebengebäude stellt zum Beispiel ein Materialäquivalent von mindestens 60000 Ziegelsteinen dar, ein Materialpreis von rund 50000 Mark. Ziegel, Holz, Natur- und Feldsteine sind in der Regel gesundheitlich verträglich und ohne chemische Zusätze, Schäume, Asbeste oder ähnliche reizintensive und allergieauslösende Substanzen, wenn die Häuser baulich unverändert die Jahrhunderte überstanden haben. Wurden sie allerdings irgendwann in ihrer Nutzungsgeschichte grundlegend verändert, dann gilt die gleiche Vorsicht wie bei jedem Haus, das in den letzten 100 Jahren errichtet wurde. Es gibt schon zu denken, wenn heute so manche als gesundheitsgefährdend eingestufte Baustoffe, die vor allem in den letzten dreißig technikverliebten Jahren angeboten und verbaut wurden, zu erheblich höheren Preisen als den Herstellungskosten auf Sondermüllkippen entsorgt werden müssen. Der Preis pro Tonne Sondermüll kann 600 Mark überschreiten.
Alte Bausubstanz kann vor gesundheitlichen Schäden bewahren, bietet oft den Vorzug eines besonders angenehmen Raumklimas allein durch die große feuchteregulierende Masse seiner Außenwände und des baulichen Volumens, das sich nach Jahrzehnten oder Jahrhunderten des Bestandes in einem ausgewogenen Gleichgewicht mit der natürlichen Umgebung befindet. Die Wiederverwendung bewährter alter Baumaterialien wie Ziegel, Tonplatten, Lehm, Naturstein und Holz bringt ebenso materielle wie ästhetische Vorteile. Die Materialbeschaffenheit alter Baustoffe unterscheidet sich durch den handwerklichen Herstellungsprozeß grundsätzlich in den Oberflächen, Materialanmutungen, Formen und Farben von heute industriell hergestellten Pro-

**Es sind die vielen Details, die unterschiedlichen Materialien und Konstruktionen, die uns heute so sehr an der alten Bauernhausarchitektur faszinieren (Freilichtmuseum bei Colmar im Elsaß).**

dukten. Dazu kommen die oft aufwendige Detailbearbeitung von Ziersteinen, geschnitzten Balken und anderen Bauhölzern wie Geländern, Klappläden und kunstvoll profilierten Stirnbrettern oder die Patina und der Nuancenreichtum einer alten Ziegelfassade und eines Biberschwanzdaches, dessen Moosbewuchs die sonnenabgewandte Fassadenseite markiert und damit dem Haus zwei ganz unterschiedliche, vom Wetter gezeichnete Seiten verleiht.

Inzwischen weicht die Wegwerf- und Abrißmentalität einem größeren Bewußtsein für Umweltfragen und damit einer neuen Wertschätzung von gesundheitsverträglichen Bauweisen und Werkstoffen. Materielles Zeichen für diesen Bewußtseinswandel ist die Einrichtung kommunaler Bauhöfe und die Entstehung kommerziell tätiger Rückbaufirmen, die wertvolle und interessante Abbruchmaterialien einer neuen Verwertung zuführen. Zum Nutzen aller Freunde alter Baumaterialien und Handwerkstechniken, die dort historische Kastenfenster, Beschläge, Zimmertüren mit alten Kastenschlössern und originalen Türbändern und Drückern, breite Holzdielen, Parkett, alte Balken und handgeformte Fliesen einkaufen können, um eventuell fehlendes Inventar oder Konstruktionsteile für die liebevolle und korrekte Restaurierung ihres Hauses erwerben zu können. Sind diese Materialien ebenfalls unbehandelt, dann bedeutet die Wiederverwendung nicht nur eine fast vollständige Energieeinsparung in der Herstellung (Reinigungskosten und Transport abgezogen), sondern auch eine baukonstruktiv und wohnhygienisch sinnvolle Verwendung – ein unbehandelter, dreihundert Jahre alter Eichenbalken kann eben kein Holzschutzmittel ausgasen. Viele Anbieter alter Baumaterialien arbeiten überregional, verschicken Kataloge über ihren Materialbestand, so daß es dem Interessenten nicht sehr schwer fallen wird, das Gewünschte vom alten Ziegel bis zum originalen Mühlrad zu finden. Außerdem ist eine solche Materialsuche, die ja oft einem Aufstöbern gleichkommt, ein besonderes Erlebnis, oft sogar Abenteuer, das sich nachhaltig einprägt. Ein verständlicher Grund übrigens, warum »Umbau-Bauherren« sich nie wieder von ihrem Objekt trennen wollen.

**Ein Haus mit langer Geschichte, die bis in das Jahr 1463 und in viele Umbauten der Vergangenheit zurückreicht. Zwei Jahre dauerten die Sanierungs- und Umbaumaßnahmen des aus Bachsteinen errichteten Hauses, das nur 50 Zentimeter tief gegründet war. Nachforschungen ergaben, daß das Haus im 17. Jahrhundert über dem Eingang einen Balkon hatte sowie zwei die Fassade gliedernde Ochsenaugen. Beides wurde wieder in alten Formen und Details nachempfunden. Architekt: Knut Stolte, Osterhofen/Chiemgau, siehe auch Seite 21.**

## Das bauliche Konzept – Architektensache

Immer wieder wird die Frage gestellt, wann eigentlich der richtige Zeitpunkt sei, sich einen Architekten für die Beratung, Planung und Baudurchführung, also für das gesamte Konzept eines Bauernhausumbaues, zu suchen. Die Antwort ist eindeutig: Möglichst frühzeitig, wenn die Idee, künftig in einem solchen alten Haus leben zu wollen, reif ist. Nahezu alle Käufer von Bauernhäusern stellen nach dem Umbau fest, daß sie sich besser ganz früh einen Architekten hätten suchen sollen – schon lange vor dem Kauf des Hauses. Wer sich also mit dem Gedanken trägt, ein altes Anwesen auf dem Lande zu erwerben, sollte beizeiten überlegen, wer vielversprechende Objekte in Augenschein nehmen oder, wenn ein Haus in die engere Wahl kommt, den Bestand beurteilen kann. Mit letzterem sind Bauherren gewöhnlich überfordert, vor allem wenn es darum geht, zu skizzieren, welche Möglichkeiten in einem alten Haus stecken oder zu klären, ob sich Kauf und Restaurierung lohnen, ob die Statik noch stimmt oder Teile des Hauses gänzlich erneuert werden müssen und schließlich, mit welchen Kosten überschlägig zu rechnen ist – kurz, ob das Projekt realisierbar ist und sich mit den Vorstellungen der Bauherren in Einklang bringen läßt – auch finanziell. Eine solche Beratung eines Architekten ist im Verhältnis zum Kaufpreis des Objektes und den zu erwartenden Umbaukosten vernachlässigbar gering. Vor allem aber hilft sie, den Blick für ein altes Haus zu schärfen. Bauherren können »ihrem« Architekten schon bei jedem Besuch eines Objektes Vorlieben mitteilen, Wohnvorstellungen entwickeln und selbst erfahren, ob ihr Vorstellungsvermögen und ihr Nervenkostüm für einen langwierigen Umbau ausreichen. Selbst manche »Ruine« kann, weil sie preiswert ist, ein interessantes Projekt sein. Ein erfahrener Architekt kann das abschätzen, kann Bausubstanz, Grundstückswert und zu erwartende Kosten in

**Kleiner, vom Balkon überdachter Sitzplatz an der Südseite des Hauses mit Blick in die Berge.**

**Die charakteristische Gliederung des Hauses wurde in Grundriß, Baukörper und Fassade beibehalten. Es birgt heute eine Haupt- und eine Einliegerwohnung. Der gesamte Umbau erfolgte nach baubiologischen Kriterien.**

Relation setzen und eine erste überschlägige Rentabilitätsrechnung aufstellen. Bei den gemeinsam vorgenommenen Besichtigungsterminen profitieren übrigens beide Seiten. Der Bauherr wird sehr schnell feststellen, wie weit die Erfahrung und Kompetenz des Architekten reicht – schließlich sind nicht alle Architekten Kenner von Altbauten, auch wenn sie sich als solche ausweisen. Denn die Altbauerneuerung ist ein immer interessanter und lohnender werdendes Fachgebiet, dem sich kein Architekturbüro verschließen kann. Auch der Architekt wird Eindrücke sammeln können, wie sein Bauherr mit einer alten Substanz umgeht, worauf er besonders achtet, wo die Vorlieben auszumachen sind, wo die Ängste und die Irrationalitäten einsetzen. Und schließlich, welche Grenzen das Budget setzt. Beide Seiten können dabei Vertrauen zueinander gewinnen.
Eine gute Voraussetzung für einen gedeihlichen Umgang beim späteren gemeinsamen Bauen.
Und wenn der Architekt in dieser Beratungsphase seine Sache richtig macht, wird er unentbehrlich.

**In der ehemaligen Tenne, die abgerissen und neu aufgebaut werden mußte, befindet sich heute der Wohnraum mit einer großzügigen Fensteröffnung nach Westen, ohne die der ehemalige Stallbereich nicht hätte belichtet werden können. Scheunentorartige Fensterläden, die vor der neuen Holzfassade hängen, lassen sich bei Bedarf als Sonnen- und Wetterschutz vor das Fenster ziehen.**

## Hilfreich: Die Beratung der Denkmalpfleger

»Hoffentlich steht das Haus nicht unter Denkmalschutz!« Oft sind es die unkundigen und streitsüchtigen Bauherren und Architekten, die von schlechten Erfahrungen mit den Denkmalschutzbehörden berichten. Natürlich bedeutet Denkmalschutz eine gewisse Einengung des Handlungsspielraumes für die Planung und Bauabwicklung, aber die Denkmalschutzauflagen beweisen auch ihren Sinn, wie die Abrißbilanz zwischen 1945 und 1971, dem Jahr der ersten Denkmalschutzgesetze, zeigt. Ob ein Haus oder ein ganzes Ensemble unter Denkmalschutz steht oder stehen könnte, wird jeder, der ein altes Bauernhaus sucht, sehr schnell ahnen. Je älter ein Haus, je attraktiver seine bauliche Struktur und je seltener es in der Region ist, desto größer die Wahrscheinlichkeit, daß es unter Denkmalschutz steht oder auf die Denkmalliste gesetzt werden soll. Auskunft darüber erteilen die örtlichen Bau- oder Denkmalschutzämter. Berücksichtigt man, daß ohnehin jede Veränderung an einem Haus, zum Beispiel ein neuer Anstrich der Fassade in einem von der ursprünglichen Erscheinung abweichenden Farbton vom Eigentümer angezeigt und von den Baubehörden genehmigt werden muß, dann stellen die Denkmalschutzbestimmungen gar keine so wesentliche weitere Einschränkung dar. Denkmalschutz ist nur konsequenter im Bewahren, schließlich handelt es sich bei solchen Objekten um Kulturgut, an dessen Erhaltung wir alle interessiert sind – und gerade die Erwerber alter Bauernhäuser. Schließlich werden diese in der Regel nicht gekauft, um aus ihnen ein High-Tech-Experiment zu machen. Grundsätzlich gilt daher, daß ein unter Denkmalschutz stehendes Haus, dessen äußere Erscheinung, Konstruktion und Grundriß als erhaltens- und restaurierungswert klassifiziert worden ist, in seiner inneren und äußeren Substanz erst einmal nicht verändert werden darf. Mit dem Kauf eines solchen Denkmals übernimmt der Bauherr über die Verpflichtung zur Erhaltung hinaus auch die zu einer sinnvollen Nutzung des für die Lebensweise und Baumethode vergangener Zeit signifikanten Gebäudes – aber das sind ohnehin die Eigenschaften, die der Interessent in der Regel sucht und zu erhalten wünscht. Und doch soll noch einmal erwähnt werden, daß man in einem solchen Bauwerk nicht einfach Wände einreißen, den Grundriß verändern oder originale Ausstattungsgegenstände und Details, wie Treppen, Innentüren, Applikationen oder Malereien in einer überstürzten oder begeisterten Entrümpe-

**Das T-förmig angelegte Haus mit Wohn- und Stalltrakt war dem Verfall preisgegeben, als die landwirtschaftliche Nutzung aufgegeben werden mußte. Ohne ein neues Nutzungskonzept aus Wohnen und großem Saal in den alten Stallungen, der heute als Ausstellungsraum genutzt wird, wäre dieser architektonische Zeuge einer alten Bauernhauslandschaft nicht zu erhalten gewesen. Architekt: Rudolf Seidl, siehe Seite 108.**

lungsaktion einfach entfernen oder auch artfremde Nutzungen für ein Gebäude vorsehen darf. Es empfiehlt sich daher, zu einem sehr frühen Zeitpunkt – also am besten in der noch vagen Suchphase, aber auf jeden Fall vor dem Kaufabschluß – sich mit den Denkmalpflegern über die eigenen baulichen Absichten auszutauschen und herauszufinden, wo die Spielräume zwischen detailgetreuer Restaurierung, Veränderung und auch Neubauanteilen liegen. Dieser Spielraum ist oft überraschend groß. Denkmalpfleger wissen nur zu gut, daß häufig nur eine neue Nutzung und nicht Gesetze ein Gebäude vor Verfall und Abriß bewahren können. Eine frühzeitige und intensive Zusammenarbeit mit den Denkmalschutzbehörden kann also sehr hilfreich und förderlich sein, denn sie können aufgrund ihrer Erfahrung bei konstruktiven und ästhetischen Problemen, sowie der Beschaffung alter Materialien helfen. Erfahrene und engagierte Denkmalpfleger beantworten auch gerne baugeschichtliche Fragen und vermitteln Kontakte zu anderen Bauherren der Region, die dann oft gern mit Rat und Tat zur Seite stehen und ihre Kenntnisse weitergeben. Darüber hinaus gibt die Denkmalschutzbehörde Auskunft und Ratschläge, wo und wie staatliche oder private Fördermittel für die Erhaltung des Gebäudes beantragt werden können und welche Steuervorteile die Sanierung erbringen kann. Voraussetzung für Zuschüsse jeder Art ist, daß die Maßnahmen mit den zuständigen Behörden abgesprochen werden – und zwar vor Baubeginn. Die Erfahrung zeigt, daß die Zusammenarbeit mit Denkmalpflegern nicht nur vor baulichen Mißgriffen und irreparablen Schäden bewahrt, sondern auch dem Bauherrn und seinem Architekten Kenntnisse aus der Entstehungszeit des Gebäudes und seiner Baumethoden vermittelt. Es lohnt, nicht immer gleich ablehnend den Denkmalpflegern gegenüberzustehen, sondern sich ihren Erfahrungsschatz und ihre Begeisterung zunutze zu machen, sogar dann, wenn das Haus kein Denkmal ist. Wem klar ist, daß Denkmalpflege uns allen hilft, daß sie in erster Linie den Auftrag des Bewahrens hat und den auch verteidigen muß, kann an eine solche Zusammenarbeit nur aufgeschlossen herangehen. Daß man es manchmal auch mit wirklichkeitsfremden Fundamentalisten zu tun bekommt, ist eher ein menschliches Problem, ändert aber nichts an der Sinnhaftigkeit des Denkmalschutzes. Wer sich der schwierigen Aufgabe stellt, ein altes Haus wiederherzustellen, der wird auch im Umgang mit schwierigen Denkmalpflegern den richtigen Weg finden.

# Der Bestand

Siehe Projekt Seite 108.

## Die bautechnische Untersuchung

Auch wenn man die Substanzuntersuchung und Beurteilung letztlich dem Architekten und manchmal auch dem Denkmalpfleger überlassen muß, so ist es doch gut, an den Baubegehungen teilzunehmen und die Gelegenheit zu nutzen, den Zustand der gesamten Gebäudekonstruktion, des Daches, der Fassaden und des Innenlebens festzustellen und zu sehen, worauf die Fachleute ihr Augenmerk richten. Darüber hinaus kann man bei dieser Gelegenheit schon einmal gemeinsam über den Umfang der Reparaturen und das spätere Nutzungskonzept nachdenken.
Die Untersuchung beginnt am besten am Dach und seiner Eindeckung. Ist sie noch original, ausgebessert oder mit artfremden Materialien belegt? Lassen sich Teile wiederverwenden und eventuell ergänzen? Die oft großen, zusammenhängenden Dachflächen sind bei Bauernhäusern ein besonders prägendes Architekturelement, dessen Erscheinungsbild in der Pfannenart und der Deckung nach Möglichkeit dem Originalzustand entsprechen sollte. Das gilt auch für die Dachrinnen, den Ortgang und eventuell zierende Dachabschlüsse. Die alten Dächer hatten in der Regel nicht einmal eine Unterspannbahn, die Ziegel lagen auf den Dachlatten, ganz abgesehen von einer Wärmedämmung, die dem ursprünglichen Zweck des Hauses auch nur geschadet hätte: Auf dem Dachboden war der Durchzug zur Nachtrocknung des Heus oder als Rauchabzug unentbehrlich. Soll der Dachboden ausgebaut werden, ist daher zu prüfen, ob und wo eine zweite Dachdichtung und Dämmung angebracht werden kann.
Der nächste Blick gilt der Dachkonstruktion von innen, den Sparren, Dachlatten und Ständern. Gibt es Feuchtigkeitsschäden oder Schädlinge? Ist der Dachstuhl für das Einbringen einer neuen Deckung mit Dämmung und innerem Trockenausbau tragfähig genug? Aufschluß kann eventuell eine Bestandsstatik geben, wenn nicht die oft übliche starke Überdimensionierung eindeutig die zusätzlichen Lasten aufzunehmen verspricht.
Bei den Holzbalkendecken und Gewölben ist die Tragfähigkeit zu untersuchen und auch, wie die Balkenköpfe aussehen; oft sind sie durch Schwitzwasser verfault und müssen ausgetauscht oder verstärkt werden. Hier hilft zur Klärung nur eine Freilegung, ebenso bei den massiven Gewölbedecken mit ihren unterstützenden Eisenträgern, deren gemauerte Verbände oft unter den bröckelnden Putzschichten nicht mehr sehr vertrauenerweckend aussehen und auch auf Rostfraß untersucht werden sollten. Lohnt die Wiederherstellung, ist das Gewölbe wichtig für die Architektur oder kann es unter Umständen durch eine neue Decke ersetzt werden? Zum Zeitpunkt der Bestandsuntersuchung können noch Prioritäten gesetzt werden, unabhängig von den zu erwarten-den Sanierungskosten. Und ein Gewölbe erst einmal zu verteidigen lohnt sich allemal.
Wie sehen die Außenwände aus? Sind sie noch tragfähig, wie soll das Fachwerk saniert werden, sind die Wände feucht oder von Schädlingen befallen? Bei gemauerten Wänden zeigt meist der Zustand des Verputzes den Sanierungsbedarf an, vor allem bei aufsteigender Feuchtigkeit wegen fehlender horizontaler Dampfsperren. Das gilt auch für die Kellerwände, die dadurch oft beschädigt und unansehnlich sind und mit Gerüchen belästigen, besonders bei Schimmelbildung. Im schlimmsten Fall ist mit Schwamm zu rechnen, aber auch den wird man wieder los, selbst wenn diese Beseitigung aufwendig ist. Im Inneren sollen die tragenden und nichttragenden Raumtrennwände geprüft werden, ebenso der Zustand der Treppen und Fußböden, der Fenster, Fensterbänke, Leibungen und Türen. Was ist original, welche Teile müssen ergänzt, eventuell umgesetzt oder nachgebaut werden? Ein besonderes Augenmerk gilt den haustechnischen Anlagen. Sind sie ausreichend vorhanden, in gutem oder abgenutztem Zustand und entsprechen sie den gängigen Vorschriften? Sind die elektrischen und sanitären Anlagen noch brauchbar, wie sieht die Heizung aus, entsprechen sie den Richtlinien und können sie die Mehrbelastungen aus der neuen Nutzung noch aufnehmen? Bei einem alten Haus müssen all diese Fragen meist verneint werden. Der Bauherr muß sich daher darauf einstellen, daß im Schnitt etwa 25% seiner Gesamtbaukosten für die Haustechnik eingesetzt werden müssen. Das ist ein erheblicher Kostenfaktor, besser aber, als in ständiger Ungewißheit zu leben, ob die elektrischen Leitungen den Belastungen auch standhalten oder alte Wasser- oder Heizungsleitungen brechen. Zu den konstruktiven Unsicherheiten, dem Zustand der technischen Anlagen und des Ausbaus kommt noch die Bewertung, ob der Schallschutz des Gebäudes innen und nach außen ausreicht, ob der Wand-, Decken- und Dachaufbau einen brauchbaren Wärmeschutz bietet und wie es um den Brandschutz bestellt ist.
Die Bestandsuntersuchung gleicht einer genauen

Diagnose, die sehr sorgfältig anhand von Checklisten durchgeführt werden sollte, um auch wirklich alle Vorzüge, und auf der anderen Seite seine sanierungsbedürftigen Bereiche auflisten und bewerten zu können. Im Sanierungs- und Nutzungskonzept kann festgelegt werden, in welcher Reihenfolge Baumaßnahmen durchgeführt werden sollen und mit welchem finanziellen Einsatz. Ein besonderer Vorzug der oft großen alten Häuser ist ja, daß sie in Stufen ausgebaut werden können, je nach Priorität und vorhandenem Budget. Nicht umsonst sind solche Umbauprojekte oft über Jahre liebevoll betreute Dauerbaustellen.

## Die maßliche Bestandsaufnahme

Von vielen mehr als hundert Jahre alten Bauernhäusern gibt es keine Aufzeichnungen mehr. Entweder wurden nie welche angefertigt oder sie sind durch Kriegseinwirkungen vernichtet oder auch einfach unauffindbar. Der Umfang eines dann notwendigen Aufmaßes ist natürlich abhängig von Art und Größe der geplanten Baumaßnahmen. Für einen neuen Fassadenanstrich und ein paar innere Verschönerungsmaßnahmen wird kein Aufmaß benötigt, da erstellt der Maler ein Angebot aus seiner Erfahrung. Sollen aber für die neue Wohnnutzung der Grundriß und möglicherweise auch die Konstruktion verändert werden, muß eine richtige Umbauplanung erstellt werden, und dann ist die notwendige Grundlage dafür ein Aufmaß mit den anschließend gezeichneten Grundrissen, Schnitten und Aufrissen. Handelt es sich um ein denkmalgeschütztes Gebäude, wird stets ein Aufmaß gefordert, das auch alle Formveränderungen festhält, die im Laufe seiner Geschichte durch Belastungen, Setzungen, Baugrundveränderungen und Materialermüdungen entstanden sind. Dies ergibt die exakte maßliche Wiedergabe des Ist-Zustandes, eine Dokumentation, auf die spätere Untersuchungen, Veränderungen oder auch Bauherren mit einem neuen Bewußtsein im Umgang mit alten Häusern eines Tages zurückgreifen können, um vielleicht gerade diesen erfaßten Bauzustand wiederherstellen zu wollen. Als Beispiel seien Fassadenmalereien des 18. und 19. Jahrhunderts genannt oder Stuckfassaden der Jahrhundertwende, die heute originalgetreu nach alten Baudokumentationen wiederhergestellt werden können, nachdem sie zwischenzeitlich einmal dem Zeitgeschmack entsprechend versachlicht worden waren. Die Notwendigkeit einer maßlichen Bestandsaufnahme wird aus Kostengründen von Bauherren gern unterschätzt. Man arbeite doch schließlich am Modell 1:1, warum dann noch einige Tausend Mark für ein Aufmaß ausgeben, das darüber hinaus auch noch Zeit verschlingt und die »eigentlichen« Arbeiten hinausschiebt? Die Antwort ist einfach: Ab einem bestimmten Umbauumfang, der ja mit dem Architekten abgestimmt wird, sind gründliche Vorbereitungen anhand korrekter Pläne die unbedingte Voraussetzung für einen inhaltlich und terminlich perfekten und damit auch kostenbewußten Bauablauf. Sie sind außerdem Voraussetzung für das Erstellen der Eingabeunterlagen für den Bauantrag. Überraschungen am Bau – die bei einem alten Haus ohnehin immer noch zu erwarten sind – können durch eine gründliche Bestandsaufnahme auf ein Minimum begrenzt werden. Ein Haus mit vollständigen Papieren ist ein Haus mit »Zertifikat«, das schon einmal gründlich auf alle denkbaren Mängel untersucht worden sein muß, denn auf die stößt man bei einem gründlichen Aufmaß zwangsläufig, und das kann bei einem späteren Verkauf wichtig sein.

**Siehe Projekt Seite 108.**

# Der Entwurf

Siehe Projekt Seite 114.

## Aufgaben, Leistungen und Kosten des Architekten

Der Umbau alter Häuser fasziniert viele Architekten – wie spektakuläre Beispiele aus der jüngsten Vergangenheit zeigen. Umbauten sind darüber hinaus ein wichtiges Betätigungsfeld für Architekten geworden, in vielen Architekturbüros machen sie einen wesentlichen Teil der Arbeit aus. Allerdings handelt es sich bei den begehrten Aufträgen häufig um alte Industrieanlagen und technische Bauwerke, deren Architektursprache die Konfrontation mit der zeitgenössischen Entwurfsarbeit recht gut aushält, sie oft geradezu herausfordert. Anders das alte Bauernhaus, das eine ganz eigene architektonische Welt darstellt. Seine Nutzungsgeschichte war immer unmittelbar durch das Wohnen und Arbeiten der Menschen bestimmt, die Landwirtschaft betrieben und damit der Natur in besonderer Weise nahe standen. Bauernhäuser waren immer in erster Linie Zweckbauten, die funktionieren mußten, nachgeordnet war das schmückende Element. Es stammte oft aus der prächtigeren Architektur der umliegenden Städte, die auf dem Land mitunter bis zur Lächerlichkeit kopiert wurde. Und doch blieb die Architektur auf dem Lande meist bescheiden, trotz der oft eindrucksvollen Volumina der Gebäude mit Stallungen und Heuböden. Die große architektonische Geste wie in der industriellen Programmarchitektur findet sich selten auf dem Land. Dieser Situation muß der Architekt gerecht werden, wenn er sich einem Bauernhaus widmet. Die kleinmaßstäblichen Baukörper der landwirtschaftlichen Gehöfte vertragen nur selten eine gestalterische Konfrontation. Zählt beim Neubau in erster Linie die Kreativität des Entwurfes, so ist es beim Umbau die Erfahrung mit der historischen Substanz, den alten Materialien und Handwerkstechniken. Das Besondere dieser Architektur muß der Planer mögen, er muß sich ihr verpflichtet fühlen und sie respektieren – das gilt für die kleine Kate wie für das stattliche Anwesen. Und er sollte ein enthusiastisches Interesse für eine solche Aufgabe mitbringen, muß seine Bauherren mitreißen können für ein formales Wagnis oder überzeugt von zuviel brauchtümelnder Rekonstruierung abraten. Bauernhäuser, die nicht länger von Landwirten bewohnt und genutzt werden, können schließlich anders aussehen als bewirtschaftete Höfe. Hier das richtige Maß zu finden, das Wesentliche der alten Substanz herauszuarbeiten, Kostbares zu erhalten und gegebenenfalls auch mutig eine zeitgemäße Architektursprache zu finden, ist die schwierigste Aufgabe im Umgang mit alten Häusern. Rezepte dafür gibt es nicht. Jedes Haus ist unterschiedlich. Seine Architektur mag vom interessanten Kulturgut bis zum versachlichten Haus nach dem Umbau ein ganz selbstverständliches Gesicht tragen, eines, das dem Wesen seines Ursprungs und der Gegenwart gerecht wird.
Der Umbau eines alten Hauses ist für den Architekten eine interessante Aufgabe, aber nicht unbedingt eine sehr anerkannte und geschätzte und oft auch finanziell keine sehr ertragreiche. Das Bauen im Bestand erfordert den erfahrenen Experten. Dieser muß die ausgewogene, historisch korrekte, material- und architekturgerechte Sanierung mit einer zeitgenössischen Bauweise in Einklang bringen. Eine komplexe Aufgabe, die eine besondere Sensibilität erfordert. Auf die sollten Bauherren bei ihrer Architektenwahl besonders achten. Feingefühl, Stilsicherheit und Mut zur Avantgarde gehören zwar unabdingbar zum Profil eines guten Architekten, lassen sich aber als Leistung nicht einfordern, entweder man hat sie oder man hat sie nicht. Das zu beurteilen, obliegt dem Bauherrn. Er muß »seinen« Architekten finden, so wie er seinen Hausarzt findet, bei dem in gleicher Weise Kompetenz, Vertrauen und Zuwendung erwartet werden. Der Preis für die Leistung eines Architekten ist gesetzlich geregelt und läßt nur wenig Spielraum für Preisverhandlungen, so daß dieses Argument für eine Entscheidung in den Hintergrund tritt.
Das Honorar wird nach der HOAI, der Honorarordnung für Architekten und Ingenieure abgerechnet, nach Bauklasse drei bei durchschnittlicher, Klasse vier bei überdurchschnittlicher Ausstattung des Hauses. Die HOAI ist die gesetzliche Grundlage des Architektenvertrages, die hier festgelegten Mindestgebührensätze dürfen grundsätzlich nicht unterschritten werden. Sanierungen und Umbauten sind für den Architekten ausgesprochen arbeitsintensiv. Dieser Tatsache trägt die HOAI in besonderer Weise Rechnung, indem sie bei einem durchschnittlichen Schwierigkeitsgrad der Baumaßnahme einen Zuschlag auf das Honorar von 20 bis 33 Prozent zuläßt.
Die Höhe und Angemessenheit des Architektenhonorars führen immer wieder zu Mißverständnissen und Fehleinschätzungen. Bauherren informieren sich selten über den Leistungsumfang, den ein Architekt gemäß Vertrag zu erbringen hat. Sie täten aber gut daran, sich sehr genau mit

den zu erwartenden Arbeiten, die in der Honorarordnung definiert sind, zu beschäftigen, ehe sie den Auftrag an einen Architekten vergeben. Denn nur wer das Aufgabenspektrum, die Leistungen und Pflichten des Architekten kennt, wird Aufwand und Ertrag seiner Arbeit bewerten und richtig einzuschätzen wissen. Folgende Leistungen hat der Architekt vom ersten Bauherrengespräch bis zur Übergabe des fertiggestellten Umbaus zu erbringen:

1. Grundlagenermittlung
(3% des Honorars)
Klären der Aufgabenstellung, Beratung zum gesamten Leistungsbedarf

2. Vorplanung
(7% des Honorars)
Aufstellen eines planungsbezogenen Zielkatalogs, Erarbeiten des Planungskonzeptes einschließlich Untersuchung der alternativen Lösungsmöglichkeiten mit zeichnerischer Darstellung, Kostenschätzung nach DIN 276

3. Entwurfsplanung
(11% des Honorars)
Durcharbeiten des Planungskonzeptes und stufenweise Erarbeitung einer zeichnerischen Lösung bis zum vollständigen Entwurf, Kostenberechnung nach DIN 276

4. Genehmigungsplanung
(6% des Honorars)
Erarbeiten der Vorlagen für die erforderlichen Genehmigungen oder Zustimmungen, einschließlich der Anträge auf Ausnahmen und Befreiungen, Einreichen dieser Unterlagen

5. Ausführungsplanung
(25% des Honorars)
Zeichnerische Darstellung des Objektes mit allen für die Ausführung notwendigen Einzelangaben, Ausführungs-, Detail- und Konstruktionszeichnungen im Maßstab 1:50 bis 1:1

**Siehe Projekt Seite 62.**

6. Vorbereiten der Vergabe
(10% des Honorars)
Aufstellen von Leistungsbeschreibungen mit Leistungsverzeichnissen nach Leistungsbereichen

7. Mitwirkung bei der Vergabe
(4% des Honorars)
Zusammenstellen der Verdingungsunterlagen für alle Leistungsbereiche, Einholen von Angeboten, Prüfen und Werten der Angebote einschließlich Aufstellen eines Preisspiegels und Verhandlungen mit den Bietern, Kostenanschlag nach DIN 276, Mitwirken bei der Auftragserteilung

8. Objektüberwachung
(31% des Honorars)
Überwachen der Ausführung des Objektes auf Übereinstimmung mit der Baugenehmigung, den Ausführungsplänen und den Leistungsbeschreibungen, Aufstellen und Überwachen eines Zeitplanes, Führen eines Bautagebuches, Abnahme der Bauleistungen unter Feststellung von Mängeln, Rechnungsprüfung, Kostenaufstellung nach DIN 276, Antrag auf behördliche Abnahme und Teilnahme daran, Übergabe des Objektes einschließlich Zusammenstellung und Übergabe der erforderlichen Unterlagen (Bedienungsanleitungen, Prüfprotokolle, etc.), Auflisten der Gewährleistungsfristen, Überwachen der Beseitigung der bei der Abnahme festgestellten Mängel, Kostenkontrolle

9. Objektbetreuung und Dokumentation
(3% des Honorars)
Objektbegehung zur Mängelfeststellung vor Ablauf der Verjährungsfristen der Gewährleistungsansprüche, Mitwirken bei der Freigabe von Sicherheitsleistungen, Zusammenstellung der zeichnerischen Darstellungen und rechnerischen Ergebnisse des Objektes.
Nach Abschluß der einzelnen Leistungsphasen hat der Architekt Anspruch auf den jeweiligen prozentualen Anteil des Honorars, wobei er meist

**Restaurierung eines niedersächsischen Zwei-Ständer-Fachwerkhauses aus dem 17. Jahrhundert. Architekt: H.-E. Prahl, Otterndorf Fotos: Norbert Balzer, Cuxhaven**

die Phasen eins bis vier, fünf bis sieben und acht und neun für die Rechnungsstellung zusammenfassen wird. Der Zeitpunkt der Zahlung läßt sich gemäß Baufortschritt abschätzen und in den Finanzierungsplan einbauen. Grundlagen für das Honorar sind die anrechenbaren Kosten des Bauwerks, also die Handwerkerleistungen und das Material. Zugrundegelegt werden hierfür die vier Kostenermittlungsarten nach DIN 276. Wie teuer ein Umbau wird, ist anhand der Flächen- und Kubikmeterberechnungen ebenso grob abschätzbar wie das Honorar und die Nebenkosten. Anhand der Planung wird auf Basis genauer Flächen- und Kubaturangaben entsprechend dem gewünschten Ausstattungsstandard gerechnet. Nach Abgabe der Firmenangebote und der Submission steht der Kostenanschlag für das Gebäude fest. Bei allen drei Kostenermittlungsarten wird der Architekt noch einen Sicherheitsaufschlag von mindestens 15% für Unvorhersehbares einrechnen, damit es keine finanziellen Überraschungen und Budgetüberschreitungen gibt. Nach der Kostenermittlung erfolgt am Ende der Bauzeit noch die Kostenfeststellung, auf der die endgültige Abrechnung des Honorars beruht. Das ist spätestens der Zeitpunkt, an dem der Architekt die Glaubwürdigkeit seiner Schätzung einlösen muß, die er vor dem eigentlichen Planungsbeginn abgegeben hat. In der Regel liegt es nicht am Architekten, wenn ein Budget überschritten wird. Meist sind es die Auftraggeber, die während der Bauzeit durch Änderungen der Planung und durch Sonderwünsche den Bauablauf durcheinanderbringen und damit auch die Kosten erhöhen. Bauherren sollten sich daher nicht wundern, wenn ihr Architekt mit Aktennotizen auf Änderungswünsche während der Bauzeit – also nach Abschluß der Planung – reagiert, in denen er sich von der Verantwortung für Termin- und Kostenüberschreitungen freispricht. Erst solche Aktennotizen sind es meist – für den Architekten und die Stimmung am Bau können sie mißlich sein –, die die Bauherren rechtzeitig vor unvertretbaren Ausgaben bewahren.

Architekten müssen häufig dem Verdacht entgegentreten, die Baukosten bewußt in die Höhe zu treiben, weil dadurch automatisch das Honorar steigt. Daß im Gegenzug sparsames Bauen nicht belohnt, sondern bestraft wird, obwohl es gerade besonderer planerischer Anstrengungen bedarf, wird gern unerwähnt gelassen. Es ist daher zu empfehlen, das Honorar nach der zu Beginn der Umbaumaßnahme aufgestellten Kalkulation und dem verabschiedeten Budget zu vereinbaren. Teuerungen, die der Bauherr durch Änderungswünsche zu verantworten hat, sollten dann zusätzlich zum vereinbarten Honorarsatz abgerechnet werden – eine für beide Seiten faire Lösung.

Siehe Projekt Seite 108.

## Das Nutzungs- und Sanierungskonzept

Auch wenn die Nutzungsüberlegungen für das alte Haus streng genommen ein Teil der Entwurfsplanung und von dieser auch nicht zu trennen sind, so ist es doch hilfreich, die beiden Planungsschritte nacheinander auszuführen. Unter Sanierung soll deshalb die Wiederherstellung der Gebrauchsfähigkeit des Gebäudes verstanden werden, nicht die eigentlichen Umbaumaßnahmen, die Veränderungen herbeiführen. Bauherr und Architekt werden sich erst einmal die Frage stellen müssen, wie das alte Haus am Ende der Sanierung eigentlich aussehen soll. Die bautechnische Untersuchung hat zwar den Umfang der Schäden und den Zustand auch der Haustechnik im Detail festgehalten, gibt aber noch keine Auskunft darüber, auf welche Weise die Schäden unter dem Aspekt der später einmal gewünschten Nutzung zu beheben sind, welche Mittel dafür eingesetzt werden sollen, welchem Standard das Haus am Ende der Umbaumaßnahmen entsprechen soll, ob Kompromisse nötig und möglich sind, und auch, ob sich zur Entlastung des Budgets einzelne Fertigstellungsetappen planen lassen. All diese Fragen gilt es zu klären, wenn ein Sanierungskonzept aufgestellt wird. Auch unter dem Aspekt, wie lange das Gebäude überhaupt noch erhalten werden soll und ob die geplanten Sanierungsmaßnahmen in einem wirtschaftlich sinnvollen Verhältnis zum Wert des Bestandes stehen. So wird zum Beispiel auch unter Kostenaspekten zu klären sein, mit welchen originalen Materialien oder auch Ersatzbaustoffen zu arbeiten sein wird, und ob es unter Umständen bei der Zielvorstellung, das alte Haus in einen originalen Zustand zurückzuversetzen, auch Fördermittel gibt. Wie die Aufzählung der wichtigsten vorbereitenden Arbeitsschritte zeigt, bedarf es anders als beim Umbau eines normalen städtischen Wohnhauses zur Klärung von Art und Umfang der Sanierungsfragen eines besonderen Fachwissens über alte Konstruktions- und Bauweisen, über die Materialbeschaffenheit und ihre formalen Konsequenzen und über den folgerichtigen Sanierungsablauf. Darüber hinaus ist auch eine besondere Liebe zu alten Häusern wichtig, mit dem nötigen historischen Gespür und einem gewissen Forscherdrang, um dem alten Haus nach meist vielen Veränderungen im Laufe seines langen Bestehens auf die Spur zu kommen; und die nicht zu unterschätzende Bereitschaft, sich auf den meist hohen Untersuchungs-, Planungs- und Arbeitsaufwand, der mit solchen Häusern verbunden ist, einlassen zu wollen. Auch wenn die Honorarordnung hierfür einen Umbauzuschlag berücksichtigt, so deckt dieser doch oft nicht die Aufwendungen des Architekten – auch er muß also schon eine gehörige Portion Enthusiasmus für die Aufgabe mitbringen und einen besonderen Sinn für die Logistik am Bau. Zum Sanierungskonzept gehört schließlich auch die Klärung der Frage, welche Handwerker überhaupt in der Lage sind, die geplanten Arbeiten auszuführen. Viel von dem einst vorhandenen technischen Wissen im Umgang mit Konstruktionen, Materialien und Werkzeugen ist verloren gegangen, muß eventuell erst an der Baustelle wieder erprobt werden. Die Firmen müssen sich auf eine solche Arbeitsweise einstellen wollen – ein altes Haus ist kein Neubau, bei dem die bewährten Arbeitsabläufe wie gewohnt schnell und günstig erfolgen. Auch diese besonderen Anforderungen wird der Architekt in seiner Ausschreibung formulieren, wird mit den Firmen Baubegehungen machen müssen, um die Einzelheiten zu erläutern und herauszufinden, ob die Handwerksunternehmen überhaupt bereit sind, in der gewünschten Form zu arbeiten – ein meist mühevolles Unterfangen, für dessen Klärung sich Bauherren und Architekten Zeit nehmen sollten. Auch um mit den Handwerkern eventuell Alternativen zu diskutieren, die den Arbeitsablauf erleichtern. Bewährt hat sich beim Aufstellen eines Sanierungskonzeptes, an der Konstruktion und dem tragenden baulichen Gefüge des alten Hauses so wenig wie möglich zu ändern. Vielmehr sollten die Nutzungskonzepte auf die Substanz Rücksicht nehmen, nicht diese den Wohnwünschen angepaßt werden. Erstens wird so etwas meist sehr teuer, zweitens ist man vor Überraschungen nicht sicher. So manches alte Bruchsteinmauerwerk ist schon großflächig zusammengefallen, nur weil ein kleiner Türdurchbruch in einer tragenden Wand vorgenommen werden sollte... Vorsicht ist also geboten. Neben den technisch notwendigen Sanierungsmaßnahmen, der Frage, welche Firmen was und wie ausführen sollen, ist auch der zeitliche Arbeitsablauf zu klären, damit sich die Firmen nicht gegenseitig im Wege stehen.

Ein genauer Terminplan, mit den Gewerken auf seine Erfüllbarkeit abgestimmt, ist deshalb besonders hilfreich, weil er das gesamte Baugeschehen einmal simuliert. Er zeigt auf, wann mit welchen Ergebnissen zu rechnen sein wird, und damit auch mit welchen Zahlungen.

Solche Terminpläne sind meist recht ernüchternd, weil sie als Ergebnis ein Ende der Bauzeit angeben, das weit jenseits der eigenen Vorstellungen liegt. Damit sollte man sich abfinden und die Zeiträume eher etwas zu großzügig als zu knapp bemessen. Haben alle beteiligten Firmen in der gemeinsamen Baubesprechung diesem Terminplan zugestimmt, sollte man diesen zum Vertragsbestandteil bei der Auftragsvergabe machen. Hier lassen sich auch moderate Konventionalstrafen vereinbaren, die alle Seiten, auch den Bauherrn und seinen Architekten, anhalten, zum jeweils geforderten Zeitpunkt der Ausführung auch alle Entscheidungen getroffen und die entsprechenden Pläne vorbereitet zu haben. Denn auch bei bester Vorplanung vor dem eigentlichen Baubeginn wird es auf einer Sanierungsbaustelle immer auch Vor-Ort-Entscheidungen und kurzfristige Umplanungen geben.

Soll das Werk dennoch gelingen, nützt es nichts, mit den vereinbarten Konventionalstrafen zu drohen. Besser ist es, gemeinsam nach Lösungen zu suchen, die sich sowohl mit dem Sanierungsziel als auch dem Terminplan vereinbaren lassen.

Das erfordert viel Geschick auf seiten der Bauleitung und Toleranz und Kompromißbereitschaft bei den Firmen.

Die wissen ein stimmiges Sanierungskonzept zu schätzen, können sie doch schon am Ausschreibungstext, der Detailplanung und den Terminvorstellungen des Architekten dessen Kompetenz einschätzen – ein gutes Zeichen also, wenn von den meist bis zu hundert ausgesandten Ausschreibungen von den Gewerken auch zahlreiche Angebote zurückkommen. Wenn nicht, sollten Bauherren stutzig werden.

## Die Planung

Anders als bei einem Neubau sind die Ausgangsbedingungen für die Planung bei einem alten Haus geradezu ideal: Das Haus ist begehbares Modell, Baukörper und Raumvolumen sind im Maßstab 1:1 vorhanden. Die Architektur hat eine eigene, besondere Ausstrahlung auch in schlechtem Zustand und läßt erahnen, welch vielfältige Gestaltungsvarianten offenstehen von einer Rekonstruktion bis zum bewußten Gegensatz zum Alten. Darüber hinaus stellen nach dem Aufmaß die Bestandspläne gleichsam die Eckdaten der Planung dar, die sich bei einem Jahrhunderte alten Bauernhaus auch nicht so einfach verändern lassen. Damit stellen Maße wie Länge, Breite und Höhe schon vorhandene Begrenzungen dar, ebenso die konstruktive Struktur aus Innenwänden, Stützen und Decken. Eine dritte Rahmenbedingung schafft das in Aussicht genommene Budget. Ganz reale Koordinaten, anhand derer nun die Zielvorstellungen über die notwendigen Sanierungsmaßnahmen, das Raumprogramm des Hauses und den geplanten Ausstattungsstandard zusammen mit dem Architekten erarbeitet werden müssen. Steht das Budget in etwa fest, werden die notwendigen, überschlägig ermittelten Aufwendungen für die Sanierung zeigen, welch finanzieller Spielraum für Innenausbau und die Ausstattung noch bleibt, auch, was sofort und was eventuell später realisiert werden kann und muß. Dabei können die Prioritäten zunächst durchaus nur beim Verwirklichen des als notwendig erachteten Raumprogrammes liegen, nach dem Prinzip: Alles fertigstellen, was auf der Baustelle Dreck und Lärm macht. Die dekorativen Maßnahmen und der Innenausbau lassen sich schließlich auch zu einem späteren Zeitpunkt, wenn das Haus schon bewohnt wird, ausführen. Großer finanzieller Spielraum liegt auch in der Ausstattung der Räume. Hier wird es vordringliche Ansprüche geben zum Beispiel an Küche und Bäder, deren architektonische Gestaltung für die Funktionalität und das Wohlbefinden mancher Bauherren besonders wichtig sind. Andere Bereiche können unter Umständen auf die Komplettierung noch warten. Eine ge-

naue Aufstellung der Wünsche in einem »Raumbuch« mit Prioritäten und gewünschten Standards macht es dem Architekten und dem Bauherrn gleichermaßen leicht, sich der endgültigen Zielvorstellung, wie das Haus eines Tages innen und außen aussehen soll, zu nähern. Ein Prozeß, der durchaus einige Monate in Anspruch nehmen kann, für den man sich Zeit nehmen sollte, bis das Haus in der Vorstellung und auf den Plänen überzeugende Gestalt angenommen hat. Dabei sollte man einige wichtige, grundsätzliche Planungsansätze beherzigen, die sich beim Umbau alter Häuser hoch bewährt haben insbesondere im Hinblick auf ein kostenbewußtes Bauen.
Im Vordergrund der Planung steht die Substanz des Altbaus, die nach Möglichkeit in ihrem konstruktiven Gefüge bewahrt werden und der sich die Planung mit gekonnten Kompromissen für die neuen Nutzungs- und Gestaltungsvorstellungen nähern sollte. Das gilt für das Raumkonzept ebenso wie für die Installationen, die man in neuen Schächten gebündelt und formal geschickt vor die Wände stellen und damit strukturschwächende Stemm- und Schlitzarbeiten vermeiden kann. Strukturelle Überlegungen gelten auch für die Baukörper- und Raumplanung.
Die alte Architektur setzt den Maßstab, in ihrem Geiste zu entwerfen wird dem Haus am ehesten gerecht. Ganz neue Gestaltungsvorstellungen sind natürlich denkbar, bergen aber die Gefahr, auf längere Sicht der Qualität des Altbaus nicht gerecht zu werden, modisch zu wirken und irgendwann dann auch fremd. Hier den richtigen Kompromiß zu treffen, bedarf der wirklich einfühlsamen und kundigen Hand. Daß es nur ganz wenig sehr gute Beispiele für architektonische Experimente beim Umgang mit alten Bauernhäusern gibt, zeigt die Schwierigkeit der Aufgabe für den Architekten. Das Argument, daß eine den Bestand fortschreibende Gestaltung meist sehr viel kostengünstiger ist als eine Radikalkur, muß aber nicht dagegensprechen, es doch einmal mit zeit- und bewohnergemäßen Entwürfen zu versuchen. Schließlich soll die Architektur nicht im Bewahren steckenbleiben. Diesen Fragen wird sich jeder Bauherr auf dem Weg zum Bauantrag stellen müssen. Gleichzeitig ist diese Phase der Planung die aufregendste, hier nimmt das Haus Gestalt an – hoffentlich so überzeugend, daß es eines Tages wieder mit der gleichen Selbstverständlichkeit zu uns spricht, wie es einst gedacht war, ein Haus für Menschen, das weder seine Herkunft noch seine neue Bestimmung leugnet. Ein großer, auch faszinierender Anspruch, aber ist beim Umbau alter Bauernhäuser nicht landauf landab viel zu oft und viel zu lange schrecklich gesündigt worden?

## Die Baugenehmigung

Am Ende der ersten wichtigen Entwurfsphase steht die Unterschrift unter dem Bauantrag. Sie schafft die Realitäten, mit ihr wird das eigentliche Baugeschehen eingeleitet, die Mühlen der Behörden beginnen zu mahlen. Zu diesem Zeitpunkt sollten alle wesentlichen Fragen des Sanierungskonzeptes und des Umbaus geklärt sein. Häufig wird, um (vermeintlich) Zeit zu sparen, der Bauantrag schon nach wenigen Gesprächen und Skizzen bei der Baubehörde eingereicht. Es sind zwar alle Maße eingetragen, Abbruch und Neuplanung vermerkt, aber über die wirklich wesentlichen Dinge wurde nur skizzenhaft nachgedacht, über das Wiederbeleben des alten Hauses, welche Aura es eines Tages ausstrahlen soll, welche konstruktiven Maßnahmen zu ergreifen sind, wie das Raumkonzept gedacht ist, welcher »Originalzustand« wiederhergestellt werden sollte, wie die Fassadengestaltung und Materialien auszusehen haben: Das bedeutet später bei der Ausführungsplanung nicht nur, daß alle für den Antrag notwendigen Überlegungen und Entscheidungen noch einmal besprochen und geklärt werden müssen, es birgt auch die Gefahr, daß bei einer so hektischen Planung das Wesen des alten Hauses gar nicht erfaßt wird.
Viel sinnvoller ist es, sich für den Vorentwurf, in dem das Wichtigste, das Atmosphärische der künftigen Heimstatt entschieden wird, ausreichend Zeit zu nehmen – Eile wird einem solchen Haus nicht gerecht. Es muß nach und nach sein Wesen preisgeben, es wird viel zu recherchieren sein, auch zu träumen – und das braucht Zeit. Der Architekt wird nach dem ersten Gespräch mit dem Bauherrn wissen, welche Stellen für die Bauvoranfrage und später für die Genehmigung anzusprechen sind, in der Regel das Bauprüfamt und unter Umständen die Denkmalschutzbehörden.
Die Antragsbearbeitung dauert meist zwei bis drei Monate, wenn alle gültigen Bauvorschriften eingehalten wur-den. Müssen dagegen Befreiungsanträge gestellt oder Unstimmigkeiten bei denkmalpflegerischen Fragen geklärt werden, kann das Verfahren wesentlich länger dauern. Manchmal ist auch ein mühevoller Weg durch die Aus-

schüsse zu gehen: Bauausschuß der Gemeinde, Stadtplanungsausschuß des Kreises, Denkmalschutz, politische Gremien, erstes und zweites Widerspruchsver-fahren – ein Weg durch die Instanzen, der sechs Monate und mehr in Anspruch nehmen kann und das mit ungewissem Ausgang. Wer diese möglichen Verzögerungen bedenkt, wird nicht durch knappe Zeitvorstellungen unter Druck geraten. Soll der Bauantrag Aussicht auf Erfolg haben und schnell genehmigt werden, stecken Bauherr und Architekt zu einem frühen Zeitpunkt der gemeinsamen Planungsarbeit einen sinnvollen Verfahrensweg ab. Die Umnutzungsidee, das Sanierungskonzept, die Gestaltungsabsichten und der Geist des alten Hauses im neuen Gewand sollten zusammen mit den wesentlichen Planungsideen für die baulichen Veränderungen fixiert und mit der örtlichen Baubehörde vor der Einreichung des Antrags besprochen werden. Der Architekt wird die Vorteile des Umbaus darlegen, den Umfang der Erhaltungsmaßnahmen und den Gewinn erläutern, den das Ortsbild durch den Erhalt des alten Hauses erfährt. Er wird auch baurechtlich relevante Probleme erörtern, die unter Umständen den Genehmigungsweg erschweren könnten, und klären, inwiefern die Zusammenarbeit mit den Denkmalpflegern vonnöten und ob mit einer zügigen Baugenehmigung zu rechnen ist. Baubehörden wollen in eine solche Entscheidung, die Veränderungen der architektonischen Substanz ihres Einflußbereiches betrifft, eingebunden sein. Es gilt daher, Überzeugungsarbeit zu leisten und die für die Genehmigung zuständigen Stellen von dem Entwurf zu überzeugen, sie als Partner zu gewinnen. Schließlich sind es in der Regel auch Fachleute, die ein besonderes Verantwortungsgefühl und Freude daran haben, wenn gute Architektur entsteht und vertraute alte Bauten verantwortungsvoll behandelt werden.

Ist erst einmal ein positives Arbeitsklima hergestellt, dann haben auch die Behördenvertreter ein Interesse daran, das Projekt schnell und reibungslos durch die Prüfgremien zu bringen und abzuschließen. Natürlich muß der Architekt auch gegebenenfalls Rückgrat beweisen und seine begründeten Sanierungs- und Umbauabsichten vehement verteidigen und für sie kämpfen. Schließlich sollen sich Baubehörden nicht am Entwurf beteiligen und die Architektur bestimmen.

Sind die behördlichen Wege geebnet und hat der Entwurf Aussicht auf Genehmigung, dann beginnt die diplomatische Arbeit der Bauherren gegenüber den Nachbarn. Auf dem Lande eine nicht immer leichte Aufgabe. Städter, die aufs Land ziehen, wecken oftmals Argwohn, und es kann lange dauern, bis man als neuer Dorfbewohner akzeptiert wird, viel länger als in einer Wohnstraße in der Stadt. Nachbarn wollen auch auf dem Lande, wo die Entfernungen zum nächsten Haus einige hundert Meter betragen können, über die geplanten Baumaßnahmen unterrichtet werden. Der Bauherr sollte also allen später Betroffenen den geplanten Umbau sehr genau erläutern, ihnen die Zeichnungen zeigen, eventuell ein Modell zu Hilfe nehmen und alle Fragen, die Nachbarn beschäftigen könnten, ehrlich und ausführlich beantworten. Das beginnt mit den Veränderungen, die Haus und Garten erfahren werden, wie sich die neuen Dorfbewohner das Leben auf dem Lande vorstellen und sollte auch zeigen, wie rücksichtsvoll der Bauherr an nachbarliche Belange gedacht hat. Alles, was irgendwann zu einem Problem führen könnte, sollte angesprochen werden. Bei einer größeren Umbaumaßnahme auch im Beisein des Architekten, den man bei dieser Gelegenheit gleich vorstellen kann – er wird sich noch so manchen Fragen der Nachbarn zu stellen haben. Der Verlauf des Informationsgespräches sollte schließlich alle mit der Erwartung zurücklassen, daß sich zwar einiges an dem vertrauten Bild ändern wird, daß es für ein paar Wochen Baulärm geben wird, später aber alle von den Strapazen profitieren werden. Wenn dann nach zwei bis drei Monaten die Genehmigung kommt, sollten die Nachbarn noch einmal verständigt werden, an welchem Tag mit den Baumaßnahmen begonnen wird. Sie werden dann neugierig das Geschehen verfolgen, Fragen stellen und das Treiben auf der Baustelle nicht nur argwöhnisch begleiten. Mit interessierten Nachbarn läßt sich gut bauen. Also: zum richtigen Zeitpunkt ein wenig diplomatisches Geschick, dann sind von den meisten Nachbarn auch keine wesentlichen Probleme zu erwarten – die wird es während des Umbaus unter dem Stichwort »Unvorhersehbares« ohnehin genug geben.

# Kosten und Versicherungen

Siehe Projekt Seite 108.

## Baukosten, Baunebenkosten, Honorare, Gebühren

Mit sieben Kostengruppen werden sich die Bauherren eines Bauernhauses vom Erwerb bis zur Bauabnahme beschäftigen müssen. Die DIN 276, Kosten von Hochbauten, definiert die einzelnen Kostenarten 1 bis 7, nach deren Ermittlung sich das Honorar des Architekten und auch die Nebenkosten errechnen. Addiert ergeben sie das zu finanzierende Budget. Kostenart 1 beinhaltet alle Kosten, die sich mit dem Kauf des Anwesens, also Grundstück und Gebäude, ergeben, einschließlich möglicher Vermessungsarbeiten, Makler- und Notariatsgebühren, der Grunderwerbssteuer sowie des eventuellen Freimachens und Herrichtens des Grundstücks. Kostenart 2 beinhaltet die Erschließung. In der Regel werden Bauernhäuser, die auch als solche genutzt wurden, voll erschlossen sein. Aber es sollte geprüft werden, ob eventuell eine gewünschte Gaszuleitung, ein Fernwärmeanschluß oder neue Zu- und Abwasserleitungen und Kanalisation einkalkuliert werden müssen. Kostenart 3 betrifft das Bauwerk, Kostenart 4 die Gebäudeausstattung, das heißt die Möblierung, Beleuchtung und dekorative Ausstattung. Ist der Architekt an beidem beteiligt, errechnet sich für beide Kostenarten das Honorar, gegebenenfalls auch das des Innenarchitekten. Kostenart 5 betrifft die Außenanlagen, also den Garten, die Einfriedungen, Treppen, die Müllbehälter und die Gartenmöblierung. Wird ein Gartenarchitekt beauftragt, wird das anteilige Honorar fällig. In Kostenart 6, zusätzliche Maßnahmen, werden zum Beispiel die Bereitstellung von Unterkünften für die am Bau Beschäftigten, für Notverglasungen, Gebäudetrocknung und Schneeräumen erfaßt, die ebenfalls honorarpflichtig sind. Die sogenannten Baunebenkosten, die am Ende etwa 20 Prozent des Gesamtbetrages ausmachen können und häufig von Bauherren zu niedrig eingeschätzt werden, fallen für die Planung und Betreuung des Architekten und der Fachingenieure an. Zu den Nebenkosten gehören auch die Gebühren für die Baugenehmigung, die statische Prüfung und die Bauabnahme sowie Finanzierungskosten und alles, was mit dem Betreiben der Baustelle verbunden ist, also Wasser- und Stromversorgung, Beleuchtung, Kosten für die Grundsteinlegung und das Richtfest sowie für die Einmessung des Bauwerks und die Baustellensicherung. Die Summe der sieben Kostenarten ergibt die Gesamtsumme, die für Erwerb und die Erstellung des Gebäudes finanziert werden muß – das Budget.

## Die Eigenleistung – richtig eingeschätzt?

Ob es nun die Freude am Selbermachen ist oder die Eigenleistung die Baukosten deutlich senken soll – meist werden die eigenen Möglichkeiten in der Begeisterung für das alte Haus gehörig überschätzt. Die Ferien sind nun einmal zeitlich begrenzt, die Wochenenden schnell vergangen, und sonstige freie Zeit ist selten übrig. Darüber hinaus hängt es vom handwerklichen Geschick der Bauherren und auch von deren physischer und psychischer Kondition ab, wieviel tatsächlich selbst getan werden kann. Die größte Begeisterung und Energie können, auch wenn es um die Erfüllung eines lang ersehnten Traumes geht, nach der ersten Euphorie schnell erlahmen. Daher wird die Kostenersparnis durch selbst erbrachte Bauleistungen häufig viel zu optimistisch eingeschätzt und auch in die Budgetplanung eingebracht. Einsparungen über 10% sind die Ausnahme, in den meisten Projekten liegen sie deutlich unter diesem Prozentsatz. Für die Finanzierungsplanung ist es deshalb ratsam – auch im Hinblick auf das Gespräch mit der Hausbank – sehr genau mit sich ins Gericht zu gehen, wie hoch der Anteil der eigenen Arbeit am Bau in Stunden und in Fähigkeiten eingebracht werden kann. Natürlich läßt sich mit dem Architekten das Entwurfskonzept auf die eigene Arbeit abstimmen, ebenso die einzelnen Arbeitsschritte und der Bauablauf. Am Ende ist doch zu fragen, ob die Eigenleistungen wirklich die gewünschte Qualität haben werden oder ob nicht möglicherweise die sehr viel längere Bauzeit die Einsparungen durch höhere Finanzierungskosten wieder aufzehrt. Damit soll keinem Bauherren die Freude am Mitarbeiten genommen werden, aber es ist ein Hinweis, der aus den vielen bearbeiteten Projekten herauszulesen und zu hören war: »Die Eigenleistungen und unser Durchhaltevermögen haben wir doch zu optimistisch eingeschätzt, heute würden wir einen großen Teil der Arbeiten von Firmen ausführen lassen ...« Darüber nüchtern nachdenken sollte man auf jeden Fall. Immerhin gibt es auch durchaus ansehnliche Architektur, die weitgehend in Eigenleistung errichtet wurde.

## Bauversicherungen

Das richtige Versicherungspaket für die gewünschte Risikobegrenzung während der Bauzeit zusammenzustellen, ist recht kompliziert, aber glücklicherweise nicht Aufgabe des Bauherrn, sondern des Architekten und gehört zu seiner Beratungspflicht. Alle Versicherungsfragen sollten vor Beginn des Umbaus geklärt und mit den Versicherern abgestimmt werden, vor allem diejenigen, die für die eigentliche Bauzeit und den eventuellen vorherigen Leerstand gelten. Der Architekt wird darüber hinaus einzuschätzen haben, für welche Risiken ein über den gesetzlich vorgeschriebenen Versicherungsschutz noch hinausreichender Versicherungsbedarf angemessen ist. Bestehen schon Versicherungen für das Anwesen, so ist der Versicherer vor Beginn der Baumaßnahmen von dem Vorhaben zu benachrichtigen, da jeder Umbau ein über den Normalgebrauch des Hauses hinausgehendes Risiko bedeutet, in der Fachsprache »die Gefahrenerhöhung«. Folgende Versicherungen sind beim Umbau zu empfehlen: Die Wohngebäudeversicherung als Sachversicherung gegen Feuer, Leitungswasser und Sturmschäden. Darüber hinaus die Haus- und Grundbesitzer-Haftpflicht für Personen-, Sach- und Vermögensschäden Dritter, die Glasversicherung und die Bauherrenhaftpflicht als Schadensversicherung für Personen und Sachschäden sowie die Bauwesenversicherung. Sie deckt unvorhergesehene Zerstörungen der versicherten Sachen und Leistungen ab mit Sonderrisiken Brand, Explosion und besondere bauliche Schwierigkeiten. In dieser Versicherung sind auch Schäden bei angemeldeten Selbsthilfearbeiten mitversichert, sollten aber vor Baubeginn mit dem Versicherer auf ausreichende Deckung abgestimmt und eventuell durch Zusatzversicherungen aufgestockt werden. Für Betreiber alter und neuer Öltankanlagen ist die Gewässerhaftpflicht besonders wichtig. Sie haftet auch für Schäden, an denen den Versicherten kein Verschulden trifft, sondern das Risiko allein im Besitz eines gefährlichen Gegenstandes liegt – was ein lecker alter Öltank sehr schnell sein kann. Und leider kommt die Leckwarnung oft so spät, daß vermutlich bereits Öl ausgetreten ist. Kostenträchtige Untersuchungen, Grabungen oder Bohrungen sind die Folge. Daher ist die übliche Versicherungssumme mit einer Million auch bewußt hoch angesetzt. Denn schon das Auslaufen kleiner Mengen Öl mit anschließend notwendigem Bodenaustausch und Bodenwäsche kann schnell 100000 Mark verschlingen. Vorsicht und Versicherungsschutz sind also geboten, sonst versickert das Geld buchstäblich im Boden. Am Ende der Bauzeit sollte überprüft werden, ob der schon bestehende Versicherungsschutz auch nach Fertigstellung der Baumaßnahme noch ausreicht. Neben dem eigenen Versicherungsschutz sollte sich der Bauherr vergewissern, ob sein Architekt die Berufshaftpflicht abgeschlossen hat und auch, ob die bauausführenden Firmen dem Architekten eine Betriebshaftpflichtversicherung vorgelegt haben, die auch Sonderrisiken für Vermögensschäden, besondere Wasserschäden und Bearbeitungs- und Tätigkeitsschäden abdeckt. Ebenso müssen die Firmen ihre Versicherung bei der Berufsgenossenschaft nachweisen. Diese Versicherung muß auch der Bauherr eingehen, wenn er selbst Arbeiten am Bau ausführt oder private Helfer beschäftigt.
Alle Versicherungen, die das Baugeschehen betreffen, schließt der Architekt im Namen des Bauherrn ab. Da die Versicherungen auch die Risiken der Firmen abdecken, wird die Prämie von 1,55 Promill zum Beispiel bei einer Million Mark Bausumme auf alle am Bau tätigen Firmen umgelegt, dem Bauherrn selbst entstehen keine Kosten – sie wurden allerdings vorher ins Angebot einkalkuliert. Auch die Bauherrenhaftpflicht, deren Prämie etwa 15% der Bauwesenversicherung beträgt, ist mit ca. 250 Mark bei einer Bausumme bis zu einer Million Mark gering. Sie muß vom Bauherrn bezahlt werden.
Mißverständnisse und Auseinandersetzungen gibt es immer wieder bei Schadensersatzansprüchen, wenn abgeschlossene Versicherungssumme und tatsächlicher Gebäude- und Ausstattungswert auseinanderklaffen. Bauherren neigen dazu, den Wert der Immobilie eher gering einzustufen, um Prämien zu sparen, Versicherer gehen den umgekehrten Weg und schätzen den Wert großzügig ein. Gerade bei hochwertigen alten Bauernhäusern mit kostbarer Innenausstattung oder kunsthistorischer Bedeutung empfiehlt es sich, den Substanzwert vom Architekten oder einem Fachgutachter auf die Zeitwerthöhe einschätzen zu lassen – im Schadensfall zahlt es sich aus.

# Bauernhäuser

Einladender Eingang des Projektes auf den Seiten 134–137.

Architekt: Peter Westrup, Frankfurt

# Instandsetzung eines hessischen Bauernhauses aus dem Jahre 1702

Selbst Häuser im Ortskern einer mittelgroßen Gemeinde bleiben oft nicht vor dem endgültigen Verfall verschont, wenn die Substanz durch Leerstand in ein bedenkliches Stadium geraten ist. Dieses Haus machte nicht mehr gerade einen einladenden Eindruck – vor allem, da die Bauherren, die sich darauf einlassen wollten, nicht vom Fach waren. So gehörte großes Vertrauen dazu, sich auf seinen Architekten zu verlassen, der aus der ruinösen Substanz wieder ein stattliches Haus zu machen versprach. Für Bauherren oft eine nervenzehrende Entscheidung und Anlaß, gründlich zu überdenken, wem man eine solche Aufgabe anvertraut.
Wegen der interessanten Substanz des Hauses und auch der denkmalpflegerischen Auflagen schlug der Architekt ein formal konservierendes Konzept vor, mit wenigen Eingriffen in die Architektur, aber einer kompletten Sanierung der Substanz. Das hieß, keine modernen Einbauten, keine »Akzente«, sondern aus dem Vorgefundenen das neue Raumkonzept ableiten, das auf grundlegende Eingriffe in Konstruktion und Raumgefüge verzichtet. Dafür wurde besonderer Wert auf eine handwerklich einwandfreie Renovierung der Substanz gelegt: Das zum Teil schon angefaulte Fachwerk mußte ersetzt werden, die Außenfassade bekam einen neuen Putz, wobei die gut dämmende, alte Lehmausfachung beibehalten wurde. Das Dach behielt seine charakteristische Biberschwanzdeckung, die zum Teil zu ergänzen war, aber durch den überwiegenden Anteil alter Pfannen den Charakter der schön patinierten Dachfläche bewahrte. Neue, isolierverglaste Holzfenster in der historisch überlieferten Teilung bieten jetzt Dichtigkeit und den nötigen Wärmeschutz, und die farblich abgesetzten Rahmen- und Flügelhölzer schaffen zusammen mit den dekorativen Fachwerkfeldern eine beinahe heitere Fassadenwirkung.
Auch die Renaissance dieses Hauses fand zu moderaten Baupreisen statt, sowohl bei der Sanierung der vorhandenen Wohnfläche (120 Quadratmeter) als auch bei der hinzugewonnenen unter dem Dach (53 Quadratmeter).
Ein Neubau gleicher Größe wäre bei weitem teurer gewesen.

**Ein stattliches Haus, dessen sichtbare Konstruktion einmal alle Merkmale einer soliden Architektur besaßen. Aber auch Häuser, die Hunderte von Jahren ihren Dienst getan haben, verfallen schnell, wenn sie nicht unterhalten werden. Auch dieses Gebäude sah einem solchen Schicksal entgegen.**

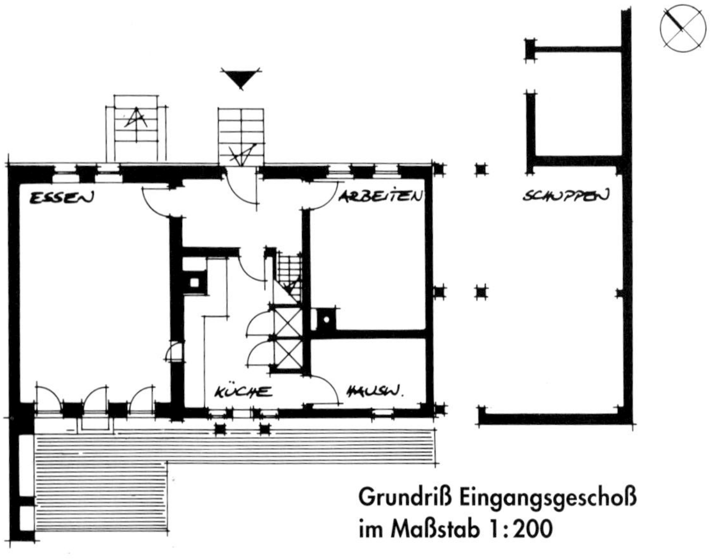


**Grundriß Eingangsgeschoß im Maßstab 1:200**

Auch wenn die stilgerechte Sanierung im Vordergrund stand, so zeigen Farbgebung und Gartenanlage doch, daß neues Leben in dieses Haus eingezogen ist.

Die Belichtung aller Häuser bedarf stets einer besonderen Lösung, wenn aus denkmalpflegerischen Überlegungen keine Gauben oder Dachfenster eingebaut werden sollen. Eine Möglichkeit stellt die Verglasung des gesamten Giebels dar, die sich auch jederzeit wieder in den Originalzustand zurückverwandeln läßt.

Architekten: Brachmann und Partner, München

# Renaissance eines Wasserburger Einfirsthofes oder: Vom Engagement eines Städters für alte Baukultur

Im Gespräch mit einem Architekten oder auch Bauherrn, der seinem Haus in besonderer Weise zugeneigt ist, überrascht immer wieder, wie wichtig neben der entwurflichen Arbeit, den technischen Problemen und dem Bauablauf die Historie des Gebäudes ist. Da wird nach den baugeschichtlichen Ursprüngen gesucht, die Nutzung des Hauses erforscht, ja, auch die Personen der vergangenen Jahrhunderte scheinen das Haus wieder mit zu beleben und es nur in neue, verständige Hände gegeben zu haben. So war es auch bei diesem Haus, das sich erst erschließt, wenn man sich neben dem Entwurf gleichfalls mit seiner Geschichte auseinandersetzt. Aus einem gekonnten Umbau wurde hier eine architektonische Form, die, mit neuer Funktion und Leben erfüllt, plötzlich wieder Zukunft hat.

Das Gehöft aus dem 17. Jahrhundert mit Stallteil, Scheune und Käserei unter einem Dach war einst das Anwesen des Dorfschweizers, der für seine Melkdienste bei den umliegenden Bauern mit Milch entlohnt wurde und daraus im eigenen Haus Käse machte und verkaufte. Bis 1970 wurde es, wenn auch nicht mehr in der hergebrachten Art, landwirtschaftlich genutzt, dann nur noch bewohnt und war ab 1983 dem Verfall preisgegeben. Ein weiterer Winter ohne pflegende Hand hätte das Haus zur Ruine gemacht. Das Dach im Wohntrakt war bereits eingebrochen, viele Bauteile bis ins Erdgeschoß durch Wetter und Frosteinwirkung zerstört. Darüber hinaus hatte eine Bausünde aus den 50er Jahren den charakteristischen Hof entstellt. Der First im Stallteil war um eineinhalb Meter angehoben worden, um mehr Heu unterbringen zu können: das Haus hatte einen Buckel.

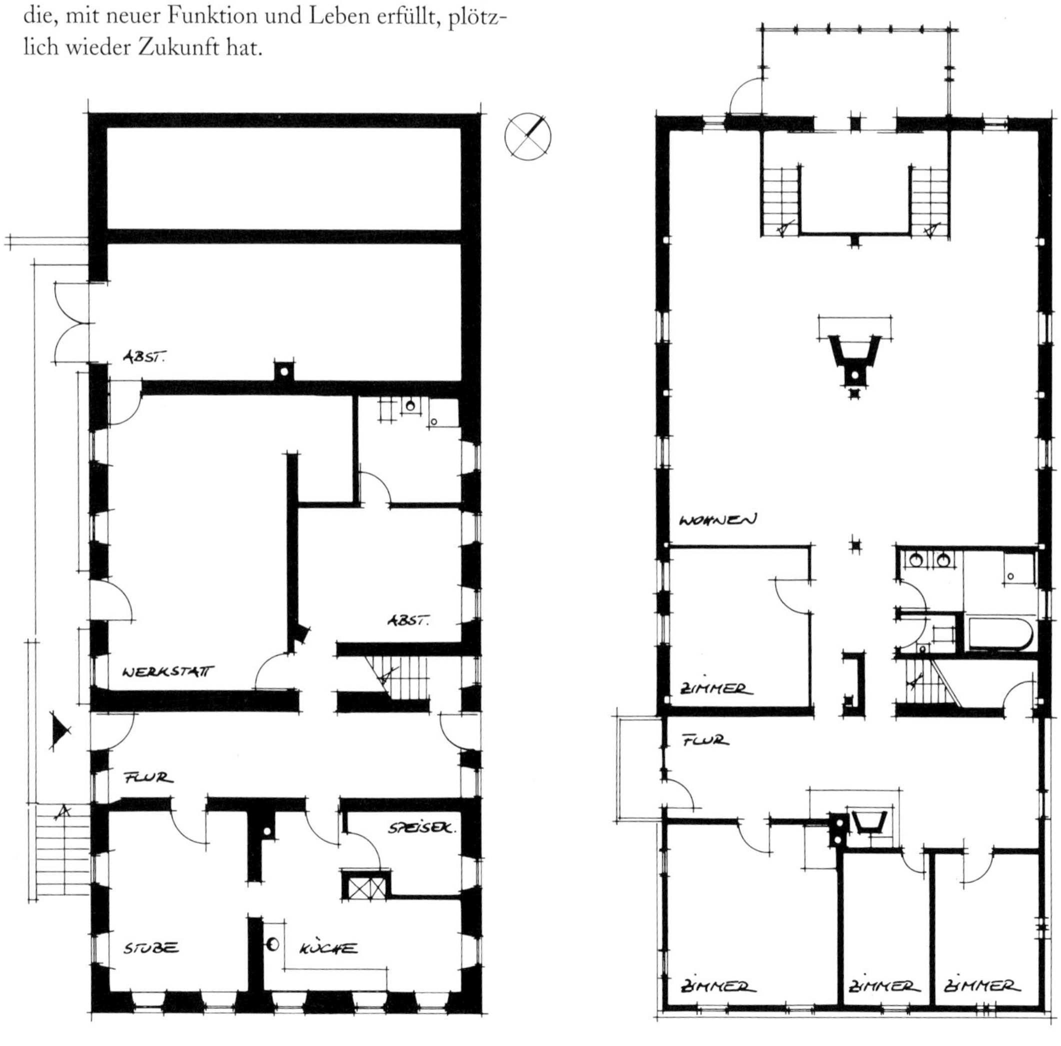


**Grundriß Eingangsgeschoß und Obergeschoß im Maßstab 1:200. Das alte Raumgefüge ist noch deutlich zu erkennen, ebenso die Neukonzeption.**

Dabei handelt es sich um ein kulturhistorisch wichtiges Beispiel eines Wasserburger Einfirsthofes mit der klassischen Grundrißtrennung von Wohnteil und der Wetterseite zugewandter Stallung. Im Wohnteil trennte der Hausflur (Fletz) mit einem schönen gemauerten, böhmischen Kreuzgewölbe Stube, Küche, Speis und Austragstüberl von den Stallungen. Das Haus war wahrscheinlich als reine Holzkonstruktion errichtet worden, ein Blockbau für den Wohntrakt und Teile der Stallungen mit Bundwerk für die Tenne. Im Zuge eines Umbaus um 1800 wurde der Blockbau um einen halben Meter angehoben (ohne Hydraulik!), die Wände wurden durch gemauerten Stein ersetzt, mit handgeschlagenen Vollziegeln und Feldsteinen. Jedem, den die Geschichte der Bautechnik interessiert, muß das Herz bei solchen Entdeckungen höher schlagen. Das Gewölbe der preußischen Kappen über den Stallungen war durch Wasserschäden und durch aufsteigende Salpetersäure aus der Tierhaltung zerstört, ebenso drohte das Mauerwerk durch Gewölbeschub und Baugrundsetzungen einzustürzen. So stellte sich die Situation beim Kauf des Anwesens dar. Nicht ermutigend, aber für den, der die Qualität des Hauses erahnen konnte, eine gute Ausgangsbasis zur Rettung dieses Kulturdenkmals.

Fast acht Jahre sollten sich die Sanierungs- und Umbaumaßnahmen hinziehen. Vieles wurde in Eigenleistung erbracht, und die hilfsbereiten Nachbarn nahmen den neuen Eigentümer mit der Zeit in ihre Gemeinschaft auf, was nicht jedem zugezogenen Städter vergönnt ist.

Als erste Erhaltungsmaßnahmen wurden ein neues Dach über dem Wohnteil errichtet (zum Teil mit den alten Hölzern), neue Holzbalkendecken eingezogen, das Kreuzgewölbe über dem Fletz instandgesetzt, neue Fenster eingebaut, der Fußbodenaufbau verbessert, der Kamin im Wohntrakt und drei Holzgrundöfen errichtet. Innen mußten

**Das Foto zeigt, daß bei diesem schönen Bruchsteinmauerwerk die Bestandssicherung nur im Sanieren und Verputzen liegen konnte.**

der gesamte Wandputz ersetzt – und viele, viele Kleinarbeiten mit hohem handwerklichen Anspruch ausgeführt werden, die die lange Bauzeit erklären. Auf diese Weise konnte ein Teil des Gebäudes wieder bewohnbar gemacht werden, der Verfall war gestoppt.

Das eigentliche Entwurfskonzept sah vor, die wertvollen historischen Teile des Gebäudes zu erhalten, soweit sie für die künftige Wohnnutzung am Ende des 20. Jahrhunderts geeignet waren. Für die Erweiterung der Wohnflächen durch Umbau in der Tenne und im Stall konnte mit der alten Substanz großzügiger umgegangen werden, sie war ohnehin baufällig und nicht erhaltenswert. Diese Situation ermöglichte es, innerhalb des Gebäudes eine Entwicklung vom Gestern zum Heute entstehen und es innen wie außen erkennbar werden zu lassen. So konnte sowohl dem Denkmalschutz als auch den heutigen Wohnwünschen Rechnung getragen werden. Das Raumkonzept mit Wirtschaftsräumen für den ehemaligen Stalltrakt folgt im Erdgeschoß dem kleinteiligen klassischen Grundriß des alten Wohntraktes. Der Bereich der früheren Tenne wurde zu einer weiträumigen Wohnhalle von 120 Quadratmetern gestaltet – ein bewußter Gegensatz zur bäuerlich geprägten Raumsituation im erhaltenen Vorderhaus. Der Kontrast zwischen Alt und Neu bestimmte auch die Materialwahl: In der Halle und im Wintergarten dominieren moderne Baustoffe, zum Beispiel Edelstahl für Geländer und Fensterprofile, ohne dadurch jedoch den Charakter eines Landhauses zu verfälschen. Der alte Wohntrakt dagegen wurde liebevoll restauriert, wie er einmal ausgesehen haben mag. Hier halfen Anregungen aus dem nahegelegenen Bauernhausmuseum, der Literatur und auch der Kreisdenkmalpfleger. Der wesentliche Eingriff in die vorgefundene Gestaltung besteht in der neu aufgebauten unteren Wagenremise und der Tenne als Mauerwerksbau. Um die oberen neu geschaffenen Wohnräume belichten zu können, wurde die nordwestliche Giebelwand durch einen gläsernen Wintergarten aufgelöst. Durch die so entstandene Lichtquelle konnten die charakteristischen kleinen Fensteröffnungen an den Längswänden erhalten werden. Diese mußten ganz neu verputzt

**Es mutet heute unverständlich an, daß ein so prachtvolles Gebäude in einem malerischen kleinen Dorf dem Verfall preisgegeben wurde – und das noch in der jüngsten Vergangenheit.**

An der Nordwestfassade bietet ein neuer, filigran konstruierter Wintergarten einen sonnigen Sitzplatz und ist in der Übergangszeit effektive solare Energiequelle.
Die Westseite hat ihre einladende Fassade zurückerhalten. Große, nicht überputzte Feldsteine verweisen auf das Baumaterial: Bruchstein im Erdgeschoß.

Ein Foto kann nur annähernd den Reiz dieses großen Sommerwohnraumes in der ehemaligen Tenne wiedergeben, der, fast unmerklich gegliedert, Wohninsel, Eßraum und Arbeitszimmer zugleich ist. An kälteren Tagen sorgt ein großer, mit Holz zu beheizender Kachelofen für wohlige Wärme.

Blick in den Fletz, der früher den Wohn- vom Stallteil trennte, heute ist er Eingangsdiele. Die Gewölbekappen wurden restauriert und stellen als Konstruktion und als gemauerter Verband ein dekoratives Element dar.

werden, da das Sichtmauerwerk schon zu stark zerstört war. Die vorhandenen Feldsteine wurden, wie in der Gegend üblich, im Putz ausgespart und schaffen so ein lebendiges Fassadenbild.
Aber ehe man darangehen konnte, die gestalterischen Arbeiten auszuführen, war erst einmal die bauliche Sanierung unumgänglich. Die notwendigen Eingriffe waren sehr aufwendig: Da die Außenwände stark verformt und die Gründung labil war, mußte das Gebäude an drei Stellen mit durchgängigen, in den Decken verborgenen Stahlgewindestäben und Ankerplatten zusammengespannt, der im Hang liegende ehemalige Stallteil als wasserdichte Betonwanne ausgeführt werden; die Wände mußten abgetragen, neu aufgemauert, der Dachstuhl mußte abgenommen, gehobelt und in der ursprünglichen Firsthöhe wieder aufgebaut werden. Damit erhielt das Haus seine typische Form mit dem langen First zurück. Im Inneren mußten die mit Lehm verstrichenen Blockwände freigelegt und stabilisiert und das Bundwerk teilweise ersetzt sowie die alten Holzwände und Türen abgelaugt werden. Beim Wiederaufbau wurde streng auf die Verwendung unbedenklicher Materialien geachtet, das Holz wurde unbehandelt verbaut – der beste Holzschutz ist der konstruktive Holzschutz. Als Dämmstoff wurde Naturkork in Platten oder als Schrot verwendet. Es wird mit Holzgrundöfen geheizt, und die Räume werden konsequent saisonal genutzt, die kleinen, gut beheizbaren im Winter, der große im Sommer. Die solare Energie, die sich aus dem Wintergarten nutzen läßt, wird über einen Schotterspeicher nach Bedarf dem angrenzenden Wohnraum zugeführt oder, mit umgekehrtem Luftstrom, als Kühlung eingesetzt. In der Küche gibt es ein doppeltes Entwässerungssystem, verseiftes Wasser gelangt in die Kläranlage, unverseiftes wird über einen Speicher für den Garten genutzt, ebenso das gesammelte Regenwasser.
Die Wohnfläche betrug einst 140, der Umbau hat sie auf 410 Quadratmeter erweitert. Zu Kosten von etwa 2200 Mark je Quadratmeter, ohne die Eigenleistung der Bauherren, die noch einmal mit mindestens 700 Mark hinzuzurechnen ist. Dafür ist aber auch eine beispielhafte Sanierung erfolgt, die für die Gemeinden dieser Gegend als Vorbild dienen kann. Schließlich war auch dieses Haus schon aufgegeben wie ein fauler Zahn. Im Dorf hätte das eine schmerzliche Lücke gerissen. Jetzt ist ein wirkungsvoller Anfang gemacht, vielleicht auch nach und nach die anderen Bauernhäuser wieder klug in ihre alte, vertraute Form zu bringen – nicht ohne besondere Betonung führt man die Ursprünge des Ortes auf vorchristliche Zeit zurück. Kulturelles Erbe und Eigentum verpflichten – nicht nur nach dem Grundgesetz.

Die Straßenfassade. Ganz selbstverständlich bietet sich die historische Fassade heute dar und kann als gelungenes Vorbild für Restaurierungen dieses in Bayern weitverbreiteten Haustyps dienen.

Auch im Inneren wurde die erhaltenswerte Grundrißstruktur nicht verändert. Blick in die oberen beiden Bundwerkzimmer mit Originaldielen, Wänden und teilweise auch Decken. Der Kaminofen – auch nur mit Holz zu beheizen – ist neuer, behaglicher Mittelpunkt in den kleinteiligen Winterräumen.

Architekt: Peter Weber, Bremerhaven

# Neues Architekturkonzept für ein altes Forsthaus

Dieses 1883 erbaute ehemalige Forsthaus steht in einer Waldlichtung im Landkreis Cuxhaven. Für den Forstbetrieb wurde es nicht mehr genutzt, stand leer und fand in einer Familie mit drei kleinen Kindern Liebhaber und Käufer. Da die Wohnfläche des alten Hauses nicht ausreichte, sollte es erweitert und auch die vorgelagerte Scheune saniert werden. Sie dient heute als Pferdestall und bildet zusammen mit einem weiteren kleinen Stallgebäude wieder ein ansehnliches Ensemble, dessen liebevolle Restaurierung sich auch in der Neuanlage des Gartens widerspiegelt – eine Freude für das Auge der Bewohner und Passanten. Das Konzept für den Umbau sah vor, die Eingriffe in die Substanz auf ein Minimum zu beschränken. So wurden nur zwei Bäder im Erd- und Obergeschoß eingebaut, das Dach gedämmt und mit zwei neuen Gauben belichtet. Die äußere Erweiterung sollte den Solitärcharakter des Hauses besonders betonen und auch weiterhin auf seine ursprüngliche Nutzung – das einsam gelegene Forsthaus in der Lichtung – verweisen. Deshalb lehnt sich der Neubau als Holzkonstruktion nur an den Altbau an, umarmt ihn gleichsam. Das vorhandene Außenmauerwerk blieb auch als Innenwand der vorgelagerten neuen Räume unverputzt und erinnert an seine alte Funktion. Durch das Freistellen der Außenecken des Altbaus bleibt dessen Ausmaß auch innen weiterhin erlebbar, die herausgenommenen Brüstungen der alten Fensteröffnungen schaffen jetzt die notwendigen Verbindungen zwischen Alt und Neu.

Besonderer Wert wurde auf die Materialien gelegt, die einst den Charakter annehmen werden, den wir bei alten Häusern so lieben: die Patina. Materialien also, die auf natürliche Weise altern und erst durch lange Nutzung und Bewitterung zur vollen Schönheit gelangen: Tonpfannen auf dem Dach, Ziegelmauerwerk, Kalkputz und Holz. Allerdings verlangt eine solche Bauweise ein sorgfältiges, materialgerechtes Konstruieren, dessen Kenntnis leider von vielen Architekten und Handwerkern erst wieder erlangt werden muß. Und auch bei Bauherren bedarf es eines besonderen Verständnisses für den Umgang mit diesen altbewährten Materialien und Konstruktionen. Meist ist ihre Verwendung etwas teurer als die »pflegeleichte«, künstliche Industrieware, aber auf lange Sicht amortisieren sich diese Kosten nicht nur, sondern bringen dem Bauherrn und Betrachter eine doppelte Rendite: lange Haltbarkeit und eine besondere Freude am immer schöner werdenden alten Haus.

**Der Bestand: Ein kleines quadratisches Forsthaus in landschaftstypischer Bauweise, das nur durch einen ergänzenden Umbau zu erhalten war.**

Die leichte Holzkonstruktion »umarmt« den alten Zentralbau, der in seiner Substanz nur wenig angetastet wurde. Das Konzept des Entwurfes läßt erkennen, daß auch ein Rückbau in den Urzustand ohne großen Aufwand möglich wäre. Zeichen für einen respektierenden Bestandsschutz.

Grundriß Ergeschoß
im Maßstab 1:225

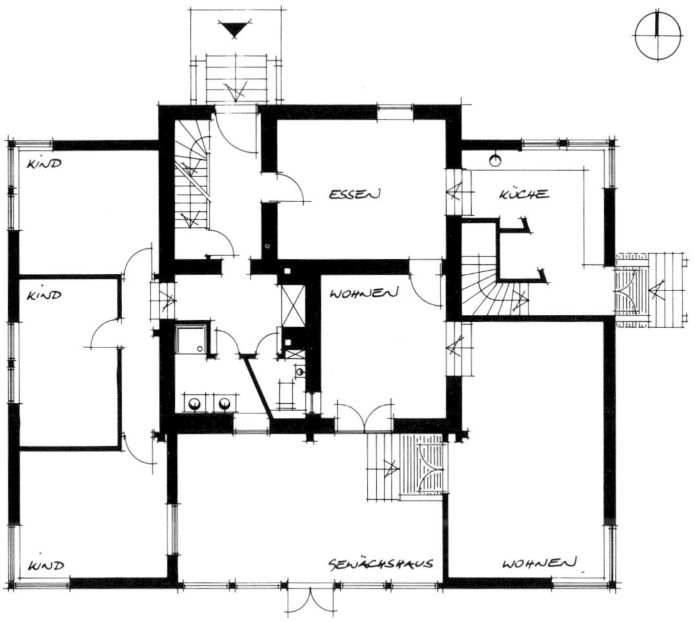


Grundriß Obergeschoß
im Maßstab 1:225

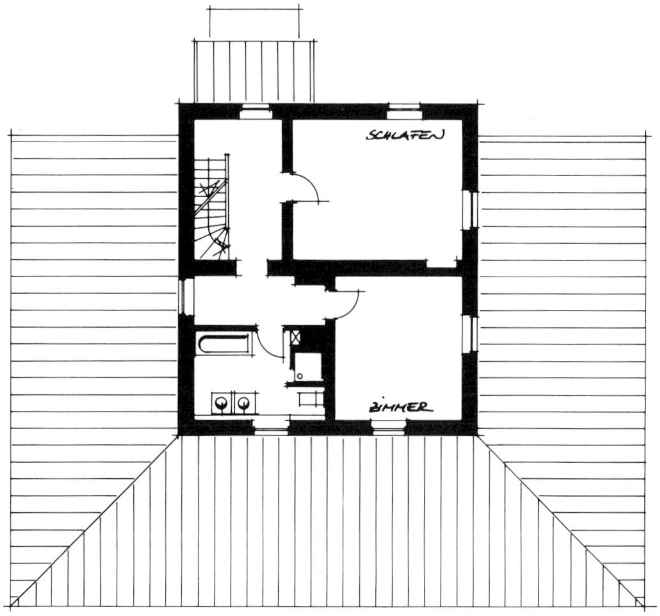

Der Anbau wurde um einige Stufen abgesenkt, um die Proportionen des Gesamthauses zu wahren. Die Fensteröffnungen verweisen auf die Architektur des Altbaus. Nur dort, wo es unbedingt nötig war, wurden die Brüstungen als notwendiger Zugang entfernt. Die ehemalige Außenfassade ist heute als Sichtmauerwerk Innenwand.

**Blick in den an die Küche angrenzenden Eßraum im Haupthaus, dessen reduzierte Gestaltungsmittel an das ursprüngliche Wohnumfeld erinnern.**

Architekt: Artur Mandler, Köln

# Ein Bauerngehöft in der Stadt – Im Häßlichen den guten Kern entdeckt

Der Bauernhof in der Stadt, durch Erbteilung auf eine Grundstücksgröße von weniger als 400 Quadratmetern geschrumpft, konnte schon lange nicht mehr als landwirtschaftlicher Betrieb geführt werden, hatte aber aufgrund seines Standortes in einem Vorort von Köln den Vorzug der privilegierten Lage. Der Substanzwert war auf den ersten Blick nicht verlockend. Das U-förmig angelegte Gehöft mit vorderem Wohnhaus und rückwärtiger Scheune, die um einen ruhigen Innenhof gruppiert sind, bot zwar einen schönen Blick auf die gegenüberliegende, unverbaute Landschaft, war aber völlig verunstaltet. Das Vorderhaus war mit bekiesten Eternitplatten verkleidet, der beliebten »Fassadensanierung« der sechziger Jahre, und das Innere war in einfachster Form mit viel Kunststoff ausgebaut worden – ein für den Laien eher abschreckender Anblick. Die Qualitäten der etwa 1880 gebauten Anlage liegen im Atmosphärischen der Situation, dem ruhigen Innenhof, dem kleinen ostseitigen Garten und einer von 103 auf 260 Quadratmeter ausbaubaren Fläche für Wohnung und Einliegerwohnung.

**Es gehört viel Vorstellungskraft dazu, wenn ein solches Haus nicht nur zurückgebaut und renoviert, sondern etwas Besonderes daraus werden soll.**

Positiv ist auch, daß sich der Blick nach innen richtet und nicht auf die häßlichen Nachbarhäuser, bis diese vielleicht eines Tages ähnlich liebevoll umgebaut werden.

Die Neugliederung des Raumkonzeptes für die drei Hausbereiche Vorderhaus, Zwischenbau und rückwärtiges Hinterhaus faßt die Gebäude zu einem zusammen und schafft Durchgang zu allen Räumen. Dabei wurden Eingriffe in die Bausubstanz nur dort vorgenommen, wo funktionale Verbesserungen erreichbar waren: eine Verbindung der Wohnloggia mit der Küche, der Küche über den offenen Hofdurchgang mit dem Atelier in der Scheune und die Herausnahme der Ziegelausmauerungen innerhalb des Fachwerks im Vorderhaus. Hierdurch gewann der kleinteilige Grundriß das notwendige Mehr an Größe, Transparenz und Durchlässigkeit. Der eingeschossige Zwischenbau bekam ein zweites Galeriegeschoß aufgesetzt, das ebenfalls das Vorderhaus mit dem Hinterhaus verbindet. In den oberen Räumen befindet sich die private Schlafebene.

Der verantwortungsvollen Bauökologie trägt die Solaranlage für die Brauchwassererwärmung Rechnung, die Niederschläge werden in einem Sammelbecken unter der Terrasse für die Spülung und Bewässerung aufgefangen; das Flachdach auf dem Verbindungsbau wurde begrünt, die Abbruchziegel aus dem Inneren wurden gesäubert und wiederverwendet.

Nach dem Umbau zeigt die Anlage ihre zwei neuen Gesichter: Das weiß gestrichene Vorderhaus mit seiner einfachen Ziegelornamentierung und die rückwärtigen Gebäudeteile mit dem wiederhergestellten Sichtmauerwerk aus alten Steinen bieten unterschiedliche formale Erlebniswelten. Verbindendes Element sind die mit Tonziegeln eingedeckten Dächer. Während der Bauarbeiten trat dann noch die alte Pflasterung des Hofes zutage, die rekonstruiert und ergänzt wurde. Im Zusammenklang mit den verbliebenen Kopflinden an der Straße, den Pfirsichbäumen und dem wiederbelebten bäuerlichen Blumengarten mit einem kleinen Teichbiotop ist ein Wohnumfeld entstanden, das seinen Reiz durch die Großzügigkeit im Inneren und die ländliche Intimität der Hofanlage erfährt. Die Eigenleistungen der Bauherren bei Abbruch, Entschuttung, beim Aushub und den Malerarbeiten und ein kostenbewußtes Bauen ohne Qualitätsabstriche hat zu einem Umbaupreis von 2100 Mark je Quadratmeter Wohnfläche geführt – und aus einem ärgerlichen Stück Bausubstanz eine überzeugende Architektur gemacht. Mögen die Nachbarn sich von dieser Planung inspirieren lassen.

Aus dem nüchternen Innenhof wurde ein geschützter mediterran anmutender Patio.

Grundriß Erdgeschoß
im Maßstab 1:200

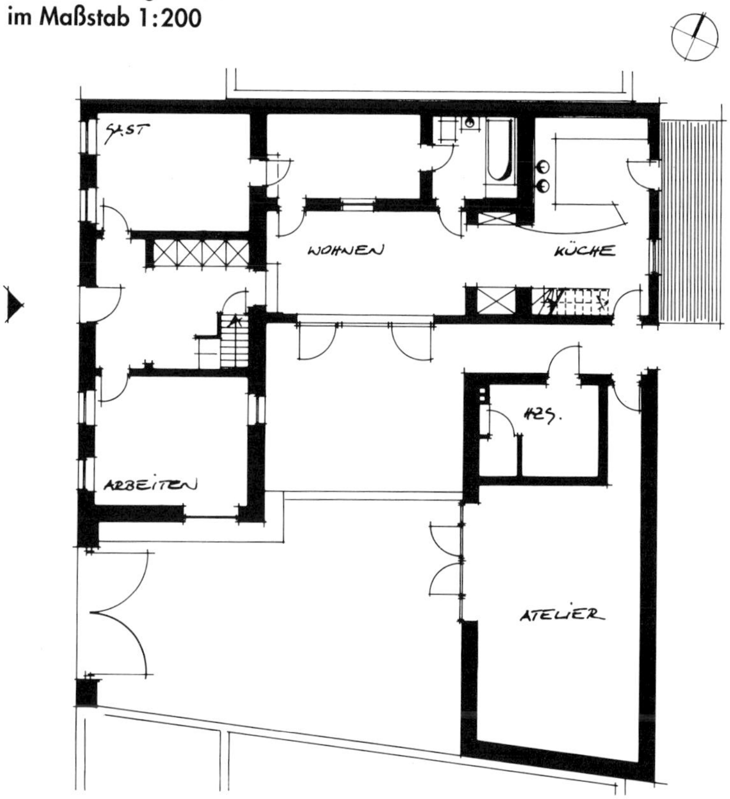


Grundriß Obergeschoß
im Maßstab 1:200

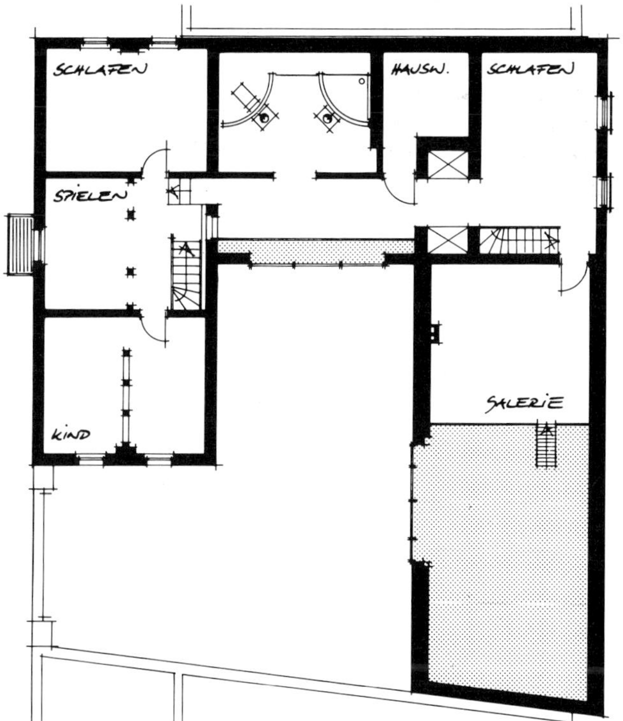

Der haushohe hintere Flügel der Anlage erfährt seinen Reiz durch die Lage zum Innenhof und den großzügigen Raumeindruck mit Blick in den Dachspitz.

Eine ganz andere Umgebung bietet der Freisitz zum hinteren Garten: ein Stück Natur von ländlicher Prägung.

Die Galerie, die die beiden Baukörper im Obergeschoß verbindet, schafft die notwendige Großzügigkeit in dieser von kleinen Räumen geprägten Situation.

Daß ein Haus auch ohne Zementplattenverkleidung leben kann, zeigt die Fassade nach dem Umbau. Es hat zu seiner alten Qualität zurückgefunden – beispielhaft für viele Altbauten, die in der Vergangenheit mit entstellenden Platten kaputtsaniert wurden.

Architekten: Oxen+Römer und Partner, Köln

# Nach traditioneller Bauweise rekonstruiert – Teil eines Doppelbauernhofes im Bergischen Land

Die Eigentümer dieser typischen – etwa um 1800 erbauten – Hofanlage hatten schon einige Jahre in dem Haus gewohnt, die Landwirtschaft war aber bereits von den vorigen Generationen aufgegeben worden. Die enge Beziehung zu dem Anwesen der Vorfahren führte jedoch zu einer nachahmenswerten Entscheidung. Auf der einen Seite sollte das Haus zeitgemäß erweitert werden, um die Wohnfläche von 74 auf 135 Quadratmeter zu vergrößern, auf der anderen Seite entschlossen sich die Bauherren zu einer materialgerechten Sanierung des Hauses, um die historische Bausubstanz nicht zu verfälschen. Auf dieses Spannungsfeld der Wünsche antwortet der Entwurf der Architekten mit einer zeitgenössischen Wintergartenkonstruktion, die eindeutig auf das neue Raumkonzept des Hauses verweist. In Zusammenarbeit mit den Denkmalpflegern erwies sich dieser Schritt als die ehrlichste Lösung, jede formale Anbiederung an das alte Haus sollte vermieden werden. Der Wintergarten ist offen zum Wohnraum, auch von der Küche begehbar und gleichzeitig Verbindung zum Garten. Seine großzügige Nutzfläche und die Helligkeit, die er dem kleinteiligen Grundriß bringt, schafft einen wohltuenden räumlichen Kontrast. Die Küche wurde als Wohnküche erhalten, im Obergeschoß ein neues Bad eingebaut und der Dachboden als Kinderzimmer eingerichtet. Zwei neue Gauben sorgen dort zusammen mit den kleinen Giebelfenstern für eine freundlich helle Atmosphäre.
Schon die zurückhaltenden Eingriffe in Grundriß und Konstruktion zeigen einen vernünftigen und respektvollen Umgang mit dem Haus. Die wahre Begeisterung und Überzeugung, daß alte Baumethoden eine wirklich unersetzbare Qualität haben, belegt aber der baukonstruktive Umgang mit der Substanz, die das einmalige Raumklima einer Fachwerkkonstruktion mit Lehmwänden bewahren sollte. Die Bewohner zogen während der Bauzeit aus – eine kluge Entscheidung, die viele Hauseigentümer scheuen, die aber unumgänglich ist, um einen sinnvollen Ablauf zu garantieren. Meist ist sie am Ende sogar preiswerter als das abschnittsweise Bauen, von der Nervenschonung ganz abgesehen.

Nach dem Auszug wurde das Haus auf Schäden an der Holzkonstruktion untersucht, defekte Hölzer wurden wieder in Eiche ersetzt, die Lehmausfachung der Wände wurde wiederhergestellt, raumseitig jeweils eine Lehmvorsatzschale zur besseren Wärmedämmung installiert, der Lehmeinschub der Decken erneuert; diese wurden wieder mit Holzdielen belegt. Das alte Dach erhielt eine Dämmung aus Korkschüttung und innenseitig einen Lehmverputz auf Heraklitschalung. Um das Haus auch an seiner fünften Fassadenseite, dem Dach, formal zu erhalten – neue Pfannen haben ein anderes Profil –, wurde es mit gebrauchten Tonpfannen einer 200 Jahre alten, abgebrochenen Scheune gedeckt. Alle Anstriche erfolgten mit ökologischen Farben.
Das durchgängige Sanierungskonzept ist Garant dafür, daß das bauliche Gefüge keinen konstruktiven Schaden nehmen kann, was bei partiellen Eingriffen, wie einer inneren Dämmung, Materialwechseln, verändertem Feuchtehaushalt und gestörter Dampfdiffusion nicht immer gewährleistet ist. Die Schäden fehlerhafter konstruktiver Eingriffe zeigen sich nach einigen Jahren meist irreparabel. Gleichzeitig belegt die zeitgemäße Erweiterung, daß sich ein Festhalten an bewährten Baumethoden und neue Architekturelemente nicht ausschließen. Gut, wenn Denkmalpfleger ein solches Konzept unterstützen, das ist ja nicht immer so. Gut auch, daß Architekten noch mit diesen inzwischen fast vergessenen Baumethoden umgehen können.

**Grundriß der Erdgeschoßerweiterung im Maßstab 1:200**

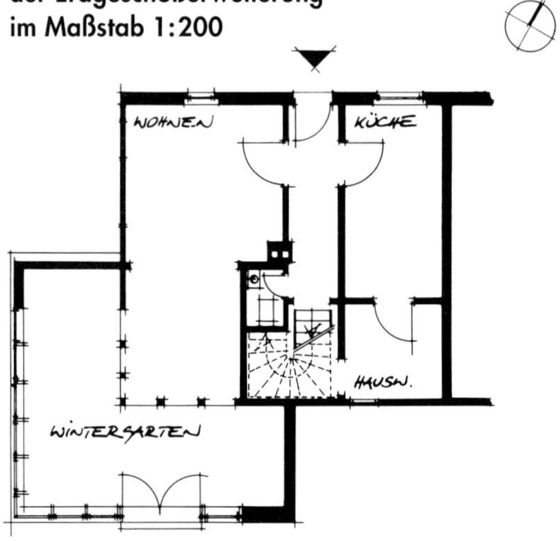

Interessanter Kontrast zweier Architektur- und Konstruktionswelten, die ihre Funktionalität andeuten. So bleiben baugeschichtliche Epochen ablesbar – auch zur Freude der Denkmalpfleger.

Fachwerkhäuser haben in ihrer bloßgelegten Struktur häufig etwas Stures, das nur durch großzügige architektonische Eingriffe aufgehoben werden kann.

Das zeitgenössische gläserne Zimmer steht in klarem Kontrast zur Altbausubstanz – hier wurde nicht stiltümelnd gemogelt, um eine falsche Fachwerkgemütlichkeit zu bewahren.

Architekten: Kreutzer & Krisper, Graz

# Qualität sichtbar gemacht: Erneuerung eines kleinen Bauernhauses aus dem 16. Jahrhundert

Landschaftstypische Bauernhäuser wie dieses haben oft nur eine Überlebensmöglichkeit, wenn Interessenten sich für Seiten des Anwesens begeistern, die vormals Lebensgrundlage der Bewohner waren, heute aber als Nutzbau und Nutzfläche einfach nicht mehr benötigt werden. Landwirte, die ihren Beruf aufgeben, renovieren ihren alten Baubestand nur selten in der denkmalpflegerisch gewünschten Form, das ist eher das Interesse von Städtern und ihren Architekten. Eine glückliche Situation auch für dieses Haus, das in seinem Blockhausteil immerhin von 1582 stammt, denn es wäre sicher irgendwann, wenn die Bausubstanz nachgegeben hätte, einfach zusammengefallen. Ursprünglich als Blockhausstadel errichtet, wurde 1916 ein gemauerter Wohnteil angefügt, der aber für die jetzt geplante Umnutzung als Zweitwohnsitz einer vierköpfigen Familie in einem so schlechten Zustand war, daß große Teile des Mauerwerks erneuert werden mußten, ebenso die Erdgeschoßdecke und der Dachstuhl. Die vorhandene Substanz hatte also nur noch Rohbau-Charakter, war aber wegen ihrer schönen Grundstückssituation und dem historischen Blockhausteil eine durchaus interessante Immobilie – auch wegen ihrer baurechtlichen Verwertbarkeit. Umfangreiche Baumaßnahmen waren zur Instandsetzung nötig: Trockenlegung und Sanierung des Erdgeschoßmauerwerks, Einbau einer Stiege vom Keller ins Erdgeschoß, dort Erneuerung der Böden, im nichtunterkellerten Teil als abgesperrte Betonplatte mit Wärmedämmung und Holzdielen, Erneuerung des Außenputzes aus Kalk-Zementmörtel in feiner und grober Struktur mit schmückenden Putzfaschen an den Fenstern. Alle Fenster und Innentüren wurden stilgerecht erneuert, eine Holzstiege zum Dachgeschoß eingebaut, der Dachstuhl saniert, gedämmt und mit neuen Tonpfannen im alten Stil gedeckt. Während der Erdgeschoßgrundriß in seiner tragenden Struktur erhalten blieb – diese alten Grundrisse lassen sich ja meist wegen ihrer sinnvollen Raumaufteilung gut nutzen –, wurden im bisher unausgebauten Dach drei Schlafräume und ein Bad eingerichtet. Um im Inneren mehr Großzügigkeit und räumliche Weite zu erreichen, erhielt das Obergeschoß eine kleine Galerie über dem Eingang, die durch eine neue und formal zeitgemäße Gaube belichtet wird. Der Vergleich Vorher zu Nachher zeigt, welch wunderbare Ausstrahlung ein so abgenutztes Gebäude bei kundiger Umbauplanung und Realisierung schließlich doch haben kann – und das zu Baukosten von nur etwa 1600 Mark je Quadratmeter Wohnfläche. (Wohnfläche vor dem Umbau 79, nach dem Ausbau 157 Quadratmeter).

**Zubauten, Ergänzungen, Verfall – keine besonders einladende Substanz, aber durchaus mit verborgenen Reizen.**

**Grundriß des Obergeschosses im Maßstab 1:200**

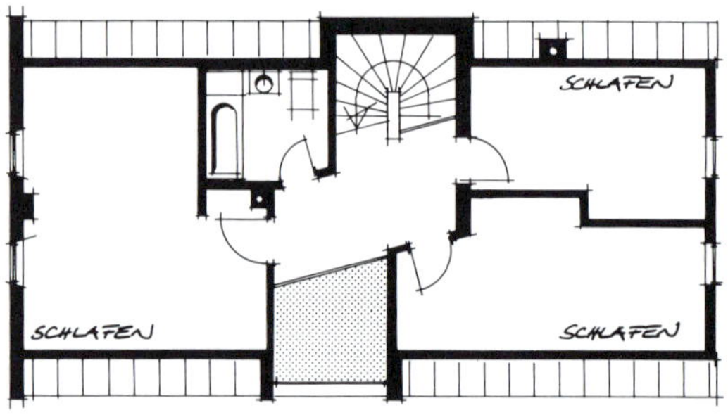


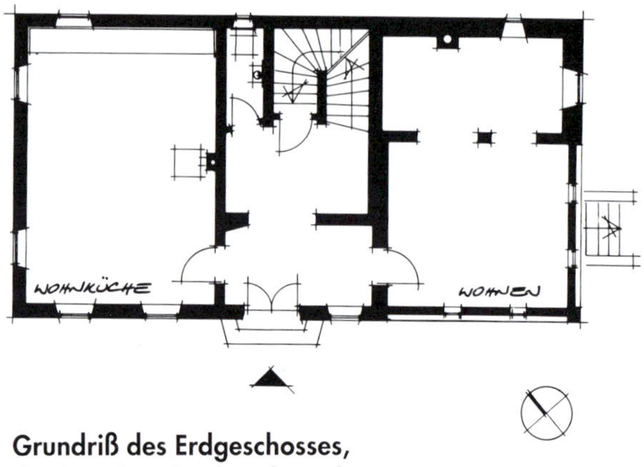


**Grundriß des Erdgeschosses, das in seiner Struktur bewahrt wurde, im Maßstab 1:200.**

Die Grundstückssituation und die interessanten Reste der Originalsubstanz sind häufig die Gründe, daß solche landschaftstypischen Anwesen erhalten werden können. Hier bestach der alte Blockhausteil, der gekonnt in einen formalen Gegensatz zur neu verputzten Fassade gestellt wurde.

Die Wohnküche wurde mit Fliesenboden und traditionellen Wandborden gestaltet.

Der Bauerngarten ist wieder angelegt. Kleine bauliche Details verraten, daß hier jetzt Städter wohnen.
Die Anlage von zwei Räumen in dem aufgebrochenen Grundriß schafft eine unerwartete Großzügigkeit in dem kleinen Haus.

Architekten: Hermann & Valentiny, Wien/ Remerschen

# Ein schlichtes Winzerhaus wird zur Architekturplastik

Das kleine Haus aus dem Jahre 1910 liegt am Luxemburger Moselufer und war für den Bauherrn – den Architekten selbst – aus zwei Gründen attraktiv: durch die unmittelbare Nähe zu seinem Atelier und den zugehörigen, seit Jahren liebevoll gepflegten Garten, der beide Häuser verbindet. So lag beim Ausbau des Hauses die Priorität bei der Erhaltung und Weiterführung dieses vorhandenen äußeren Erlebnisbereiches, der in der schönen Jahreszeit zum Außenwohnbereich und Zentrum von Atelier und Haus wird.
Der Umbauplanung liegt eine offene Raumkonzeption zugrunde. Die kleinen, in sich verschachtelten Räume wurden aufgebrochen – so ist ein fließender Großraum im Erdgeschoß entstanden –, und das Haus wurde durch ein offenes Dachgeschoß ergänzt. Dabei wurde der Ablesbarkeit der alten Strukturen und Raumandeutungen innen wie außen aus Respekt vor dem Alten große Beachtung geschenkt. Die Zubauten sollten lediglich als Ergänzungen oder Aufwertungen der bestehenden Substanz gedeutet werden, als sinnliche und geistige Inbesitznahme des Ererbten.
Die Entwurfsidee wird durch die Wahl und Bearbeitung des Materials betont. Bei der auf den öffentlichen Raum ausgerichteten Straßenfassade sind die An- und Aufbauten als sichtbare Zeichen des Neuen in rauhem Beton ausgeführt, in der Gartenfassade verschmelzen die neuen Volumen mit Hilfe von Pergolen und dickkörnigem Kalkputz mit dem gewachsenen Bestand. Dabei wurde besonders darauf geachtet, daß die bestehende Fassadenstruktur und der Weinbewuchs unbeschädigt blieben – bei sorgfältiger Planung und Ausführung gelingt so etwas.

Im Kontrast zu der »verwilderten« Außenstruktur des Gebäudes dominieren im Inneren die glatten, wie poliert wirkenden Flächen des offenen Raumgefüges, das einer einzigartigen kubischen Plastik gleicht. Die Fußböden, Türen und Möbel sind in Naturbuche gearbeitet, im Bad und um die Feuerstelle wurden als Kontrast Marmor und blankpolierter belgischer Granit eingesetzt. Das Ergebnis ist beeindruckend: Das Haus hat seine historisch bedingte innere Kleinteiligkeit abgelegt, wobei die 80 hinzugewonnenen Quadratmeter im Dachgeschoß nicht das Entscheidende sind. Wichtiger ist die neue innere Struktur, deren Bearbeitung, Gefüge, Materialwahl und Detaillierung das Haus heute zu einer differenzierten, volumenreichen Plastik machen – mit insgesamt 200 Quadratmetern Wohnfläche. Und das für nur 1800 Mark je Quadratmeter umgebauter Fläche.

**Kaum wahrnehmbare Gestaltungselemente an Dach und Fassade verweisen auf die architektonischen Neuerungen an diesem Haus, das seine landschaftsbezogenen Eigenarten nicht leugnet.**

Form, Material und Proportionen kennzeichnen das Dachgeschoß als neu aufgesetzte Architektur.

Den Details wurde in diesem Haus besondere Beachtung geschenkt – von außen sind sie nicht zu erahnen, um so größer ist die Überraschung im Inneren.

Grundriß Erdgeschoß
im Maßstab 1:200

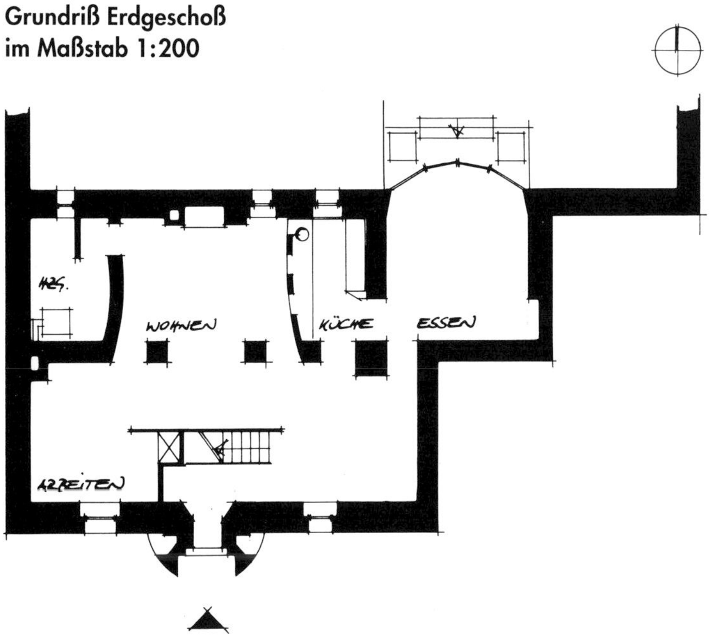


Grundriß Obergeschoß
im Maßstab 1:200

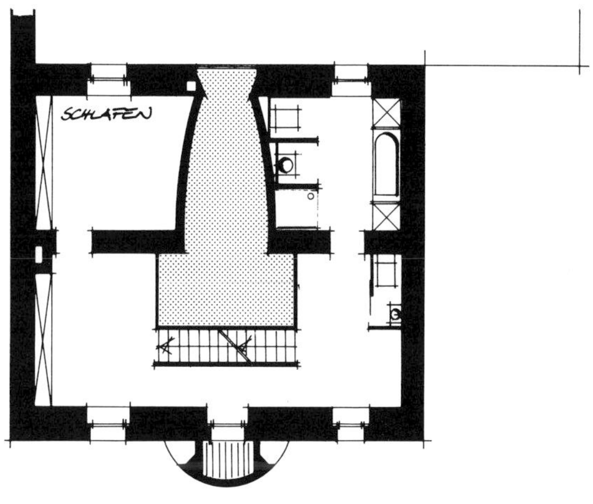

In einem kleinen Haus lassen sich nur durch dramatische Raumkompositionen Blickachsen und Großzügigkeit schaffen – wie hier in der Wohnhalle, die bis ins erste Obergeschoß reicht.

Anklänge an das Prinzip barocker Stadtplanung verrät die Treppenanlage: nach relativ engem Zuweg – hier der Eingang – wird plötzlich der Blick frei auf die zweigeschossige Wohnhalle, die wie ein großer Platz wirkt.

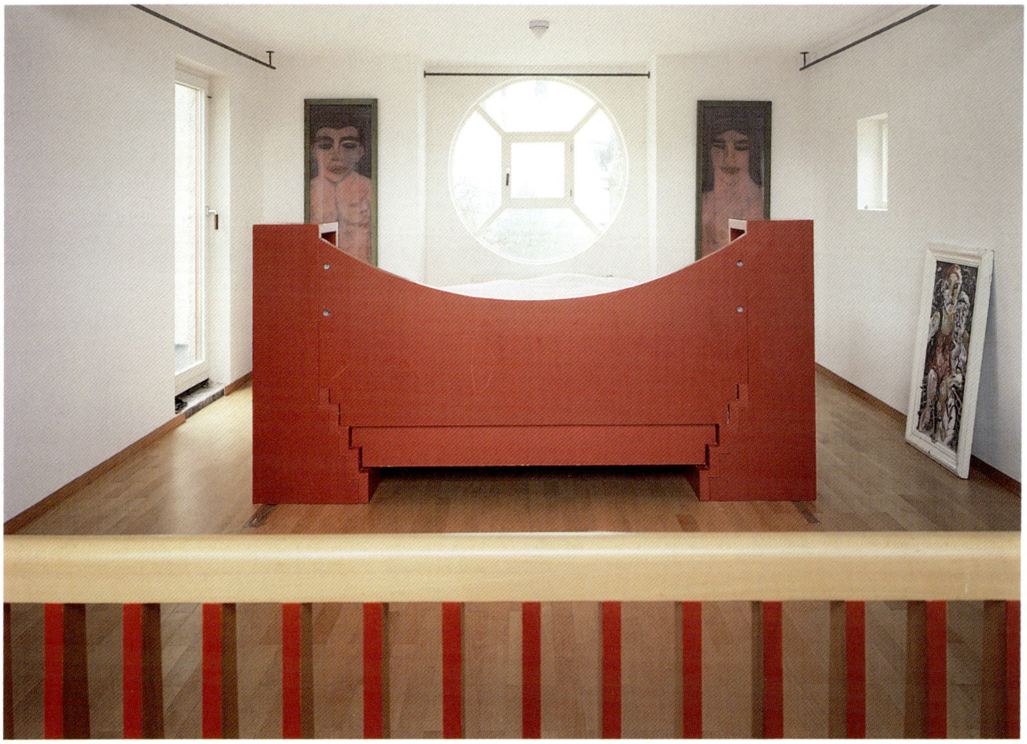

Das zweite Obergeschoß ist ein einziger großer Raum zum Schlafen und Arbeiten.

Inszenierte Monumentalität: Kuben, Flächen und Negativräume sind unerschöpfliche Wahrnehmungsvarianten für das Auge – und das in einem so kleinen Haus.

Architekten: Bertram · Bünemann · Partner, Hannover

# Gekonnte Umnutzung als aktiver Denkmalschutz

Das unter Denkmalschutz stehende Vierständerhaus aus dem Jahre 1690 war ursprünglich als Wohn- und Wirtschaftsgebäude errichtet worden und ist Teil einer malerischen großen Hofanlage in Niedersachsen. Als es für das Haus keine wirtschaftlich sinnvolle Verwendung mehr gab, wurde es geräumt, stand lange Zeit leer und war damit dem Verfall preisgegeben. Durch die reizvolle Grundstückssituation bot es sich an, das Haus umzubauen und wieder zu Wohnzwecken herzurichten. Nachfrage nach Wohnraum in der Gegend gab es genug. Aber eine Wiederbelebung des Hauses war auch geboten, um in dem Gesamtensemble der ausgedehnten Hofanlage keine häßliche Lücke entstehen zu lassen. Zusammen mit den beiden neuen Eigentümern wurde ein Nutzungs- und Wohnkonzept entwickelt: Aufteilung des großen Gebäudes in zwei Wohnungen mit je einer Einliegerwohnung. Ehe aber an den Ausbau des Hauses gedacht werden konnte, mußte erst einmal die Fassade saniert werden. Das bedeutete: Fachwerk ausrichten, schadhafte Ständer und Riegel aus Eichenholz ersetzen, unter der Bundschwelle eine Sperre gegen aufsteigende Feuchtigkeit einbauen, den Sandsteinsockel richten und das Fachwerk mit leichten Lochziegeln ausfachen. Zur besseren Wärmedämmung erhielten die Außenwände eine zweite innere Schale aus einer Wärmedämmung und innerer Ziegelwand hinter einer Hohlschicht, um die hölzerne Fachwerkkonstruktion auch belüften zu können. Der gesamte alte, nur im Sandbett verlegte Fußboden mußte entfernt und durch einen feuchtigkeitsgeschützten Betonboden ersetzt werden. Ähnlich umfangreich waren die Ausbauarbeiten im Dach. Auch hier mußte der Dachstuhl gerichtet, gedämmt und mit zusammengesuchten alten Dachziegeln ausgebessert werden, um die farbliche Lebendigkeit der schönen, verwitterten Dachfläche zu erhalten. Nach der Sanierung des Äußeren bot sich das innere Gefüge als besserer Rohbau dar. Alle Wände mußten neu aufgemauert, das innere Holzgerüst neu ausgefacht, Raum- und Wohnungstrennwände in Leichtbauweise erstellt werden, zum Teil als Brandschutzwände. Auch die Fußböden im Obergeschoß mußten neu mit einer weichen Auflage auf Schalldämmung auf den vorhandenen Balkenlagen aufgebaut werden. Aus Brandschutzgründen erhielten die oberen Einliegerwohnungen Massivtreppen als Zugang, die Treppen innerhalb der Wohnungen sind Holz- und Stahlspindeltreppen. Da alle Sanitärräume, die Küchen und Heizungen ebenfalls gänzlich neu eingebaut wurden, erklären sich auch die Baukosten in dem großvolumigen Baukörper mit je 3500 Mark je Quadratmeter. Kosten, die bei vergleichbarem Standard auch für einen Neubau zu zahlen wären – aber hätte dieser dann die großartige Lage in einem alten, gewachsenen Bauensemble und hätte er die optische Wirkung, die dieses Anwesen nach der Sanierung jetzt wieder hat? Auf jeden Fall wäre an gleicher Stelle kein Neubau genehmigt worden. (Ursprüngliche Wohnfläche 160, nach dem Umbau 630 Quadratmeter).

**Grundriß Erdgeschoß der rechten Haushälfte im Maßstab 1:200**

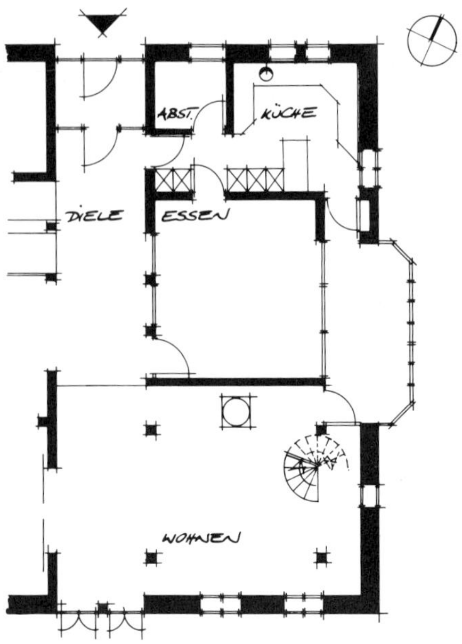


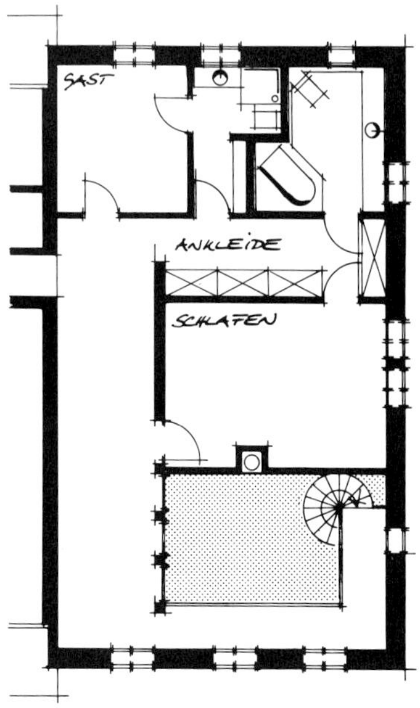


**Grundriß Obergeschoß im Maßstab 1:200**

Die Idylle trügt nicht. So präsentierte sich das Anwesen vor Baubeginn – als eine Naturoase in der Stadtlandschaft.

Es war ein langer Weg, ehe die Fassade wieder diese prachtvolle Ausstrahlung hatte. Wichtig für den stimmigen Eindruck war die Erhaltung der alten Dachdeckung, die in reizvollem Kontrast zur neu verputzten Fassade steht.

Die Decke des alten Wohntraktes wurde zum Teil entfernt, um das an sich kleine Raumgefüge aufzubrechen. Die Wendeltreppe verbindet jetzt die beiden Ebenen, die als Bibliothek genutzt werden.

Im Inneren wurde in Teilbereichen das Fachwerk erhalten und in einen spannungsvollen Gegensatz zur Moderne gestellt.

Einen ganz anderen, eher städtischen Eindruck bietet der zweite Wohnraum im Erdgeschoß, in dem das Fachwerk ausgespart blieb.

Eindrücke aus dem Speisezimmer, das in seiner Dekoration und Möblierung an die architektonische Gestaltung des Herrenhauses anknüpft. Den bewußten Bruch schafft der Ausgang in den kleinen Wintergarten, in dem auf nostalgische Anklänge verzichtet wurde.

Planung, Bauleitung, Materialbeschaffung:
Die Restauratorin als Bauherrin

# Konsequent restauriert: Von der verborgenen Schönheit einer Chiemgauer Hofstelle

Der Ort, in dem dieses Haus im Chiemgau steht, zählt zu den alten Siedlungen der Region. Bereits 1464 wird die Hofstelle als Schneider-Anwesen erwähnt. Mit seinen 6,5 Tagwerk Grund (1 Tagwerk entspricht 3407 Quadratmetern) konnte der Hausbesitzer schon damals nicht allein von der Landwirtschaft leben. So war der Bauernhof immer ein Nebenerwerbshof, der noch bis in dieses Jahrhundert hinein in der Kombination Schneiderei und kleine Landwirtschaft (fünf Kühe, ein Ochse und ein Schwein) betrieben wurde.
Der bauliche Kern des Hauses läßt sich bis auf das Jahr 1787 zurückverfolgen, 1827 wurde es schon einmal umgestaltet, 1940 wurde die Landwirtschaft ganz aufgegeben und der Stall- und Tennentrakt für Kriegsflüchtlinge mit 20 Zimmern (»Schuhschachteln«) ausgebaut.
Als die neue Eigentümerin das Haus übernahm, galt es erst einmal, die konstruktive Sicherheit und Standfestigkeit des Gebäudes wiederherzustellen. Die Wände aus Bachgeröllmauerwerk hatten nur noch eine geringe mechanische Verzahnung, das Dachtragwerk war von Schädlingen befallen und mußte teilweise ganz erneuert und kraftschlüssig verbunden werden; alle Wände mußten stückweise unterfangen werden, um ein weiteres Absacken und Verformen des Bauwerks zu verhindern.

**Solche Schätze können zutage treten, wenn sich wirkliche Fachleute um eine Restaurierung kümmern – die Sonnenuhr an der Ostfassade.**

Für die Restauratorin stellte sich als wichtigste Bauaufgabe naturgemäß die Rekonstruktion der alten Bausubstanz mit ihren historischen Wohnräumen im Ostteil, der Wiederherstellung der alten Fensterteilung, die Mauersanierung und Beseitigung der Feuchtigkeit. Als Kontrast zur restauratorischen Arbeit wurde ein neues Konzept für den Stallteil erarbeitet, der durch entstellende Einbauten ohnehin verdorben und in seiner ursprünglichen Nutzung keine Berechtigung mehr hatte. Und doch sollte auch dieser Bauteil nicht einfach abgebrochen, sondern wegen seiner unwiederbringlichen Baudetails und der Materialschönheit erhalten werden. Hier im Tennenteil wurde ein kommunikativer Küchen- und Eßbereich und ein großzügiger Wohnraum geplant, der sich auch in der Fassade durch neue, zeitgemäße Fensterelemente und eine traditionelle Verbretterung und Verschindelung markieren sollte. Im Inneren sollten alle alten Nischen, Durchreichen, Wand- und Fensteröffnungen wieder freigelegt und geöffnet werden. Auf die Frage nach Art und Umfang der Rekonstruktionsarbeiten lautet die eindeutige Antwort im Bericht der Restauratorin: enorm! Die Aufzählung der Arbeiten kann nur deren Umfang wiedergeben, nicht die Arbeitsbedingungen, nicht die Mühsal und vielfältige Recherche, die Detailarbeit, Materialsuche und vieles andere mehr, das sich in diesem Ausmaß mit Fachfirmen vermutlich gar nicht hätte machen lassen – unabhängig von den zu erwartenden Kosten. Ein Tatbestand, der belegt, daß solche an sich baufälligen historischen Häuser nur eine Chance auf Revitalisierung haben, wenn es Bauherren gibt, die sich in das alte Gemäuer verlieben und weder Aufwand noch Mühe und Kosten scheuen.
Zurück zu den Arbeiten selbst, zuerst der Außenbereich: Unterfangen des gesamten Außenmauerwerks, Freilegen des Originalputzes mit der

**Grundriß Erdgeschoß im Maßstab 1:200**

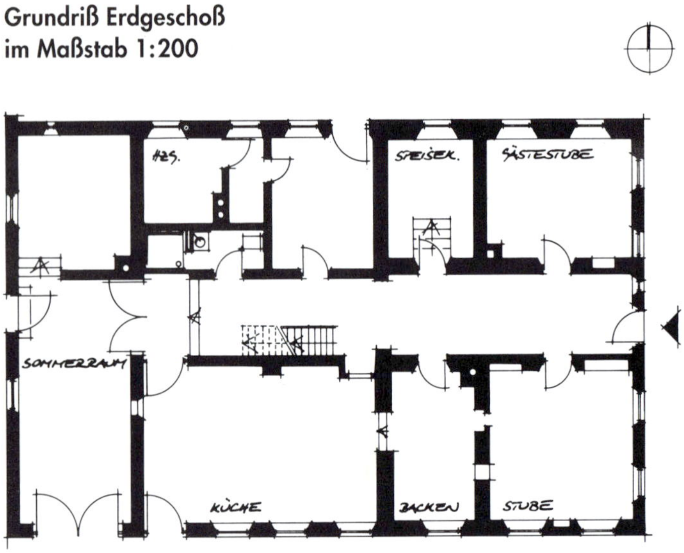


**Grundriß Obergeschoß im Maßstab 1:200**

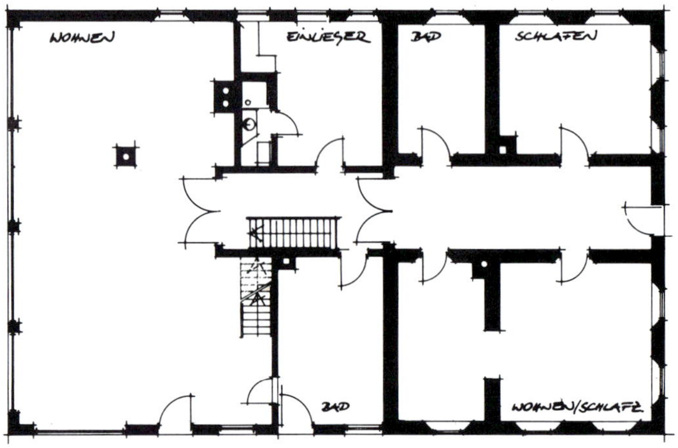

grün-ockerfarbigen Fassung aus der Zeit um 1900, Festigung des Putzes und der Malschicht, Freilegen der Uhrenfassungen an der Frontseite, Fassadenrekonstruktion bei Putz und Fassung im Erdgeschoß, Retuschieren der freigelegten Farbfassung, Rekonstruktion der abgesetzten Fensterfassungen, Restaurierung und Montage der historischen Balkone, Dachdeckung mit originalen alten Platten, Auffrischen der Zimmermannsmalerei, um die wichtigsten zu nennen. Die Restaurierungsarbeiten innen: Unterfangen aller erhaltenen Innenwände, Ausgraben jeden Raumes, Auffüllen mit Kies und Einsatz neuer Bodenplatten, Wiederöffnen und Teilrekonstruktion der historischen Fensterlaibungen mit Segmentbögen, Nachbau der Fenster, Beschläge und alten Gläser (nur diese alten mundgeblasenen, nicht planparallelen Gläser verhelfen den Fenstern zu ihrem lebendigen Aussehen, zum differenzierten Spiegeln und Reflektieren des Lichtes), Einbau historischer Dielenböden, Rekonstruktion eines Grundofens nach der originalen Maueraussparung und des alten Mauerabdruckes, Einbau des originalen Stubenwandschrankes. Dieser fand sich im Nachbardorf in einem Keller und diente dort, in der Mitte durchgesägt, als Werkzeugschrank. Sanierung des einsturzgefährdeten Tonnengewölbes, Freilegen des historischen Plattenbodens unter einer Betonschicht, Einbau einer neuen Balkendecke mit alten Balken in der Küche, da die vorhandenen nur auf Stoß verbunden und nicht mehr tragfähig waren, Ausbau der Innentüren aus den fünfziger Jahren und Ersetzen durch alte bäuerliche Türen im identischen Stil der noch vorhandenen, Ergänzung des Dachstuhls mit alten Balken.
Alle diese Restaurierungsarbeiten wurden von der Bauherrin eigenhändig und in Zusammenarbeit mit freundlichen Helfern ausgeführt – einschließlich der liebevollen Gartengestaltung mit alten Cottoböden, den typischen Pflanzen eines Chiemgauer Bauerngartens, der Terrasse und des Freisitzes.
Schließlich gehört zu dem Anwesen noch das Zuhaus mit Wohn- und Stallteil. Es stammt aus dem 19. Jahrhundert und war damals aus Abbruchmaterial und Bachgeröll erbaut worden. Entsprechend war sein Zustand: es war einsturzgefährdet und konnte nur durch einen Teilabbruch und einen behutsamen Wiederaufbau gerettet werden. Für das Gesamtambiente des Anwesens ist es unverzichtbar, und ein guter Restaurator läßt sich auch von einer weiteren Aufgabe ähnlichen Umfangs auf dem Grundstück nicht entmutigen. Natürlich hat sich die Mühe gelohnt, innen und außen ist das Haus heute in einem Zustand, der es auf die nächsten Jahrhunderte vorbereitet. Wichtiger aber ist, daß dieses Haus in seiner rekonstruierten Farbigkeit und seiner Detailvielfalt zeigt, welche Funde sich in den vielen bayrischen Dörfern machen ließen, wenn wir nur erst wieder ein kritischeres Bewußtsein für die wirklichen Schätze unserer architektonischen Vergangenheit entwickelt haben. Versatzstücke aus Kunststoff, folkloristische Lächerlichkeiten und eine falsch verstandene bauliche Gemütlichkeit müßten dann endlich den Rückzug antreten. Es wäre eine Bereicherung für die Bewohner historischer Orte, für Handwerker, Architekten und alle, die sich an den schönen überkommenen Bauten nicht sattsehen können. An ihnen könnten sich moderne Entwürfe besser reiben, auch sie würden von der handwerklichen Qualität und der Ausstrahlung der vielschichtigen alten Substanz profitieren – es wäre sehr bald wieder mehr Qualität beim Entwerfen und Bauen gefragt. Es ist schon mutig und wirklich nachahmenswert, wenn sich einzelne Bauherren gegen viele Widerstände auf diesen mühevollen Weg machen. Respekt!

**Die Bildfolge zeigt Blüte, Abnutzung und Rekonstruktion des Hauses im Zeitraum von der Jahrhundertwende bis heute. Interessant ist vor allem die Wiederentdeckung der historischen Farbgebung, die unter verschiedenen Schichten verborgen war.**

Die neue Küche im alten Stallteil mit seinem Gewölbe ist sowohl weiträumige Funktionsinsel als auch beliebter Treffpunkt für Zuschauer, die beim Bereiten der Speisen dabeisein wollen.

Die nach Osten gelegene alte Stube wurde in ihrer ursprünglichen Architektur und Möblierung sorgfältig restauriert – ebenso der alte Kachelofen, der heute wieder seinen Dienst tut.

Wenn sich Bauteile nicht erhalten lassen, weil sie verfallen sind, dann ist häufig ein bewußter Gegensatz in der Materialwahl oder wie hier auch in der betonenden Farbgestaltung ein interessantes architektonisches Mittel.

Die Westfassade lebt von ihren neuen Proportionen, die Materialwahl der Holzschindeln zeigt aber auch weiterhin die Verbundenheit zum landschaftstypischen Bauen.

Sorgfältiges Abklopfen der Wände auf Putzabsätze und Hohlräume brachte auch diese alte Durchreiche zutage.

Eine andere Welt bietet der ausgebaute Heuboden: Die sichtbar belassene Konstruktion erinnert an die ursprünglichen Funktionen des Raumes. Die anderen Materialien, Farben und auch Fensterformate zeigen, daß die Landwirtschaft endgültig aus diesem Haus ausgezogen ist.

Die Risse in der Fassade des Zuhauses verhießen nichts Gutes. Das Haus mußte, um es für das Gesamtensemble zu erhalten, fast vollständig neu aufgebaut werden.

Der wohldefinierte Abstand zum Haupthaus schafft auf dem Grundstück zwei ganz unterschiedliche Lebens- und Erlebniswelten.

Das Haus liegt so verborgen, daß die neuen großen Fensterelemente den Aufbau der Fassade nicht stören. Sie zeigen vielmehr zurückhaltend die veränderte Nutzung im Hause an.

**Auch im Zuhaus blieb die Erdgeschoßordnung mit den kleinen Stuben erhalten. Wer will schon auf dem Lande ein Neubauambiente?**

**Die notwendigen baulichen Veränderungen am Zuhaus sind kaum spürbar.**

Freundliche Unterstützung durch:
Reiner Neubauer, Restaurierungswerkstätten
Udo Rieger, Architekt, München
Dr. Norbert Bergmann, Statik, Rosenheim

Architekt: August Kürmayr, Linz

# Umbau eines kleinen landwirtschaftlichen Anwesens im Mühlviertel

Das über 300 Jahre alte Haus war im 18. Jahrhundert zum »Auszugshäusl« eines benachbarten bäuerlichen Anwesens umgebaut worden und sollte jetzt einer Mutter mit zwei Kindern als Zweitwohnung dienen. Der Entwurf sollte das Landschaftstypische des Hauses erhalten und doch auf den Nutzungswandel durch den Umbau verweisen. Das Ergebnis ist ein bewußter Kontrast zwischen den neuen Architekturelementen – dem eingeschnittenen Glasdach zur Nutzung der Sonnenenergie und der leichten Stahlkonstruktion im Inneren – und der eindrucksvollen Schlichtheit des alten Baukörpers mit den gekonnten Proportionen der traditionellen, anonymen Architektur. Um das Haus den heutigen Anforderungen anzupassen, wurde das Erdgeschoß mit der alten Stube saniert und dort eine offene Küche eingebaut. Ein Kachelofen in der Gebäudemitte dient als Heizquelle. Eine neue Treppe erschließt das stark gedämmte und in Tonziegeln neu gedeckte Dachgeschoß mit der lichten Galerie, die zu Schlafräumen und Bad führt. Hier zeigt sich der gelungene Kontrast zwischen Alt und Neu besonders eindrucksvoll: die Enge und Kleinteiligkeit des Auszugshäusls sind aufgehoben, die Architektur wird auf überzeugende Weise zeitgemäß.

Die Planung war auf das handwerkliche Engagement der Bauherren abgestimmt. Nur die Hälfte der Arbeiten, im wesentlichen der Rohbau, wurde an Fachfirmen vergeben, den gesamten Ausbau leisteten die neuen Eigentümer zusammen mit Freunden selbst. So erklärt sich die geringe Bausumme je Quadratmeter von nur etwa 1100 Mark bei einer Gesamtwohnfläche von 134 Quadratmetern. Ein Umbau, der in seiner Selbstverständlichkeit besticht.

**Grundriß Erdgeschoß im Maßstab 1:200**

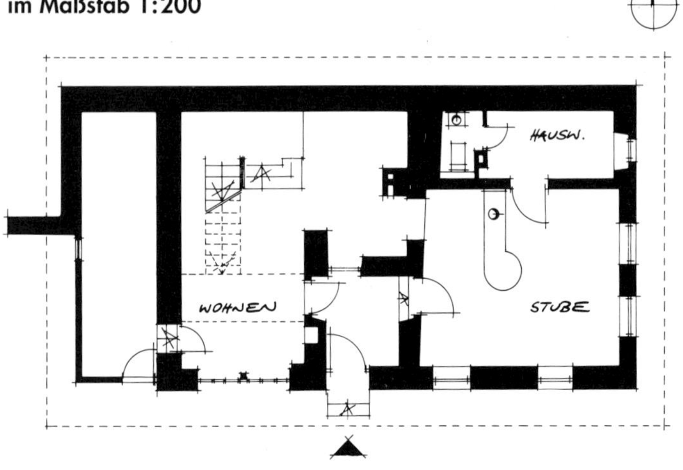


**Grundriß Obergeschoß im Maßstab 1:200**

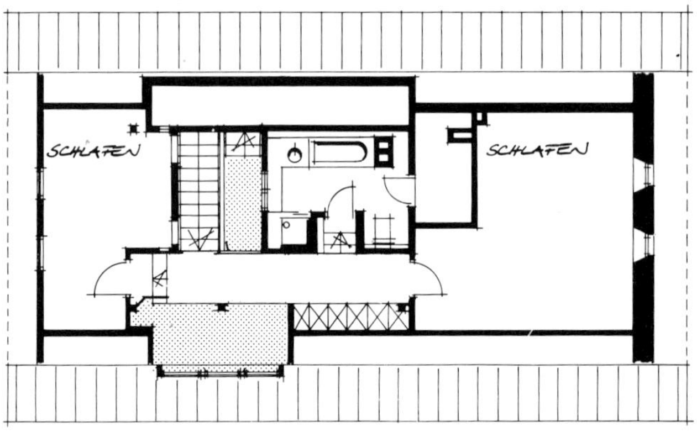

Die Substanz ließ auch in schlechtem Zustand den Reiz dieser anonymen Architektur erkennen.

Die Öffnung der Decke über dem Erdgeschoß war der entscheidende Eingriff in das Haus, jetzt ein Beispiel zeitgenössischer Architektur.

Sägerauhe Bretter warten als Fassadenschutz auf ihre Patina, die das Haus über Jahre hinweg langsam verändern wird, um es an die landestypischen Fassaden anzugleichen.

Die charakteristischen Elemente der ursprünglichen Architektur wurden bewahrt, das Neue in eine spannungsreiche Form zur Substanz gebracht.

Architekt: Prof. Johannes Spalt, Wien

# Neue Funktion für ein aufgelassenes Kleinbauernhaus

Die hügelige Landschaft bei Gmunden in Österreich hat mit ihren weiten Feldern einen besonderen Reiz. Aufgabe für den Architekten war es, dort aus einem verlassenen, unproportionierten und mehrmals um- und angebauten Kleinbauernhaus ein funktionierendes Haus für einen Sammler von Volkstumsgegenständen zu machen. Das Erdgeschoß des Hauses wurde in seiner konstruktiven Struktur belassen und durch den Einbau von Leichtwänden zu einem klaren Wohngrundriß umgebaut. Der entscheidende Raum aber entstand unter dem Dach. Hier wurde eine fast 20 Meter lange Galerie geschaffen, an der Südseite mit einem Arbeitsplatz, der durch eine Fenstertür zum Freisitz mit Blick auf den Garten des schönen, an einem Wäldchen gelegenen Grundstücks wurde. Regaleinbauten an den Wänden und eine umlaufende Brettetage nehmen eine Vielzahl von Exponaten der Sammlung auf. Die Giebelfelder an den Stirnseiten des Raumes sind verglast, ohne daß dadurch die formale Substanz des Hauses Schaden nimmt. Überhaupt bilden die Fensteröffnungen das Charakteristikum des Hauses, durch ihr abwechslungsvolles Spiel von Flächen, Öffnungen, Vor- und Rücksprüngen und traditionellen Elementen wie Sprossenfenster, Klappläden und Spaliere.

Im Gegensatz dazu stehen die spannungsreich aufgebauten Fassadenflächen, die nicht verstecken, daß auch die Moderne in das Haus eingezogen ist.
Die Küche im Erdgeschoß erhielt durch den Herd eine besondere technische Attraktion: Er heizt Küche, Kachelofen und das Wasserschiff im Kochofen. Die neben dem Haus liegende kleine Hütte wurde zu einem Schlafzimmer mit Bad, WC und verglaster Veranda ausgebaut und macht aus den einstigen Solitären ein stattliches, selbstverständliches Baukörpergefüge – und ein kleines Paradies für die Besitzer.

**Die veränderte Funktion des Hauses läßt sich in der Fassadengestaltung ablesen, die Charakteristik der landschaftstypischen Bauweise wurde gekonnt bewahrt.**

Der in der Struktur wenig veränderte Grundriß des Erdgeschosses im Maßstab 1:200.

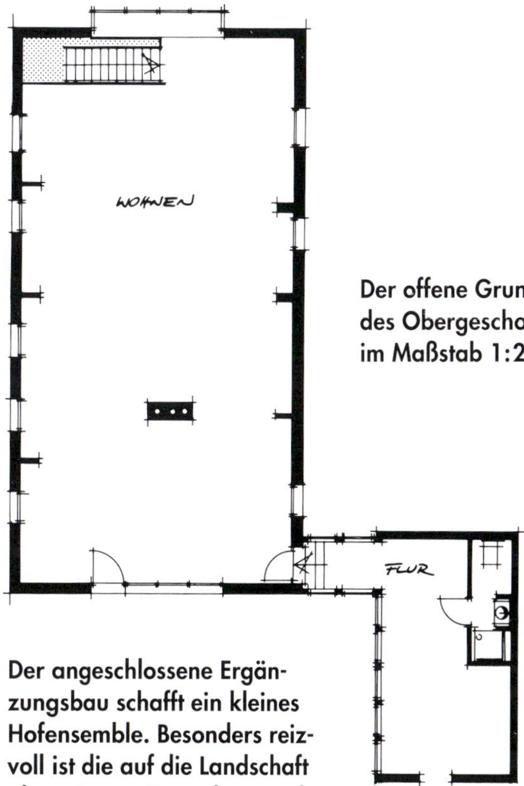


Der offene Grundriß des Obergeschosses im Maßstab 1:200.

Der angeschlossene Ergänzungsbau schafft ein kleines Hofensemble. Besonders reizvoll ist die auf die Landschaft abgestimmte Fassadengestaltung – die Priorität, die hier der Ausblick genießt, ist Zeichen des neuen, veränderten Gebäudeverständnisses.

Die Kargheit der Möblierung
läßt die Schönheit des Raumes
mit seinen wenigen eindrucks-
vollen Baudetails wirken.

Der frei überspannte Dachgeschoßgrundriß ist Zeichen der Bauaufgabe: Ein großer, hallenartiger Raum für die Sammlung des Auftraggebers.

Der mit Holz zu beheizende Küchenofen ist die Energiezentrale des Hauses – und faszinierende Raumplastik.

Der Schlafraum im Obergeschoß des kleinen Anbaus. Bestechend ist die Raumwand mit altem Kachelofen und minimalistischer Wandöffnung – Abbild der Baugeschichte des Hauses.

Architekt: Prof. Johannes Spalt, Wien

# Reizvolle anonyme Bauernhausarchitektur als Feriensitz

Auch dieses Bauernhaus aus dem 18. Jahrhundert liegt in der lieblichen, hügeligen Landschaft bei Gmunden in Österreich. Die Grundstückssituation erfährt ihren Reiz durch den weiten Blick auf Traunsee und Traunstein. Das alte Haus befand sich im baufälligen Zustand, Teile der vorderen Mauern waren bereits eingestürzt und mußten vollständig neu aufgemauert werden, ebenso die Innenräume. Es ist ein kleines Haus, ein Refugium, das als Wochenendhaus und Feriendomizil dient. Seine ganz selbstverständliche Lage in der Landschaft, der über Generationen vertraute Anblick der Fassaden und des Baukörpers sollten nicht verändert werden. Einziges Zeichen des neuen Nutzungskonzeptes ist ein großes, kleinteilig gegliedertes Aussichtsfenster, wie es in dieser Form in einem Bauernhaus nicht anzutreffen wäre. Als architektonischer Akzent ist es wichtig, es gibt der Fassade ein zeitgemäßes Format und wehrt so die bei übersteigert renovierten Bauernhäusern oft entstehende falsche Beschaulichkeit und Romantik ab.

Die wesentliche Veränderung im Inneren ist der ausgebaute große Raum unter dem Dach – früher Heuboden – mit zusätzlich zwei abgeteilten Schlafzimmern. Die Stube im Erdgeschoß erhielt eine neue Kassettendecke und als formal dominantes Zentrum einen aus alten Kacheln aufgemauerten Ofen, der sich von der Küche beheizen läßt. Mit wenigen sichtbaren Eingriffen ist ein Stück landschaftstypischer anonymer Architektur erhalten und für einen neuen Gebrauch adaptiert worden – innen mit großer Wohn- und Lebensqualität und einer formal-detailreichen Architektur, die das Bewährte des regionalen Baustils bezeugt. Viel zu schade, um einfach dem Verfall preisgegeben zu werden.

**Es sind nicht die spektakulären Eingriffe, die einem alten Bauernhaus guttun, sondern vielmehr die angemessenen Maßnahmen, um das Wesentliche eines Hauses herauszuarbeiten und den neuen Nutzungsbedingungen anzupassen.**

Behutsame Instandsetzung und Bewahren des Originalzustandes sind nicht nur gekonnter Denkmalschutz, sie betonen vor allem den besonderen formalen Reiz, der von den alten Bauweisen, Handwerkstechniken und Materialien ausgeht.

Daß sich die alte Substanz mit ihren formalen Eigenarten und neue Belichtungselemente nicht gegenseitig stören, zeigt diese Architektur. Neu und Alt vertragen sich aber nur, wenn gleichrangige Qualitäten aufeinandertreffen.

Es überwiegt der Charakter der alten Bausubstanz und erscheint in seinen Eigenarten durch das Hinzufügen der modernen Elemente nur noch betonter. So isoliert haben alle Elemente der Inneneinrichtung eine ganz besondere Ausstrahlung, die im bäuerlichen Ambiente nie in dieser Form zur Geltung gekommen wäre.

Architekt: Kurt Werner, Weihmichl

# Umnutzung eines 100 Jahre alten Einfirsthofes im Vilstal

Die großen bayrischen Bauernhöfe haben, auch in schlechtem Zustand, etwas Majestätisches, oft sogar Malerisches. Anders dieses kleine Gehöft, das in seiner optischen Substanz versachlicht und durch unschöne Fenster kaputtsaniert worden war. Ursprünglich war der Einfirsthof in Wohn- und Stallteil gegliedert, dazwischen lag die Tenne. Diesen ursprünglichen Grundriß arbeitet der Entwurf wieder heraus. Jetzt wird in der Tenne gegessen und gekocht, das Haus kann durch diese Neuorganisation in beide Richtungen erlebt und bewohnt werden. Die vorderen Wohnräume blieben erhalten, lediglich zur Vergrößerung der Stube wurde eine Wand herausgenommen. Der Umbau des Stallteils zu einem großen Wohnraum im Erd- und zwei Räumen im Obergeschoß wird durch das neue Architekturelement der zweigeschossig verglasten Halle angedeutet. Auf der Westseite wird in der über beide Geschosse reichenden Halle gegessen, nach Osten liegt die Küche – ein Raum mit großzügigen Dimensionen, der dem Haus einen zeitgemäßen Charakter verleiht und die ursprüngliche Enge aufhebt. Die Restaurierung des originalen Balkongeländers und die neuen Fenster in der vertrauten Sprossengliederung und wieder mit Putzfasche sind die wenigen, aber wesentlichen gestalterischen Eingriffe in das Haus, die aus einer lieblosen Hülle ein stattliches Anwesen machen. Die 130 vorhandenen Quadratmeter Wohnfläche wurden durch den Umbau auf 258 erweitert und kosteten je etwa 1200 Mark. Es wurden überwiegend natürliche Baustoffe verwendet: Lochziegel mit Kalkputz und Kalkfarbe für die Wände, Solnhofener Kalkplatten und Dielenböden aus Holz. Die große Hallenverglasung mit thermisch getrennten Stahlprofilen nutzt die Sonnenenergie, der Wohnteil wird an den Außenwänden durch Wandflächenheizungen temperiert, die ein besonders gutes Raumklima erbringen. In der Übergangszeit wärmt ein Kachelofen Leib und Seele.
Entstanden ist ein charaktervolles Bauwerk, das in überzeugender Weise lokale Traditionen und landschaftstypische Architekturelemente neu belebt, ohne den Umbau für eine ganz neue, andere Nutzung zu leugnen. Landschaftsschutz im besten Sinne.

**Grundriß Erdgeschoß im Maßstab 1:200**

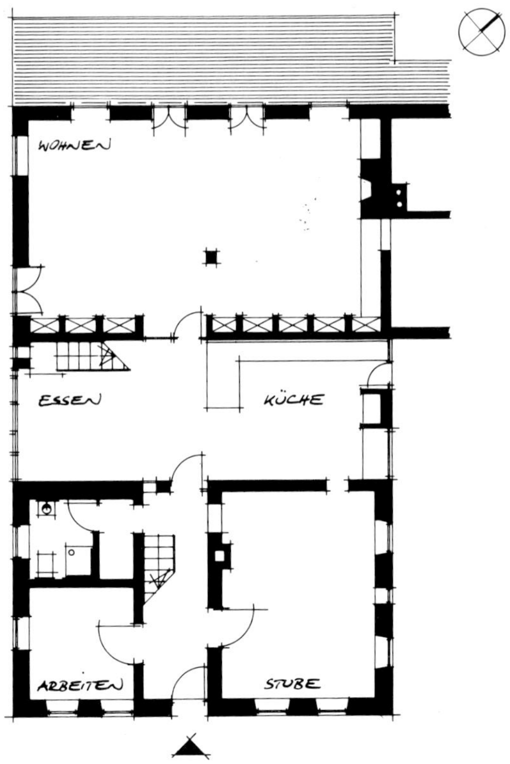


**Grundriß Obergeschoß im Maßstab 1:200**

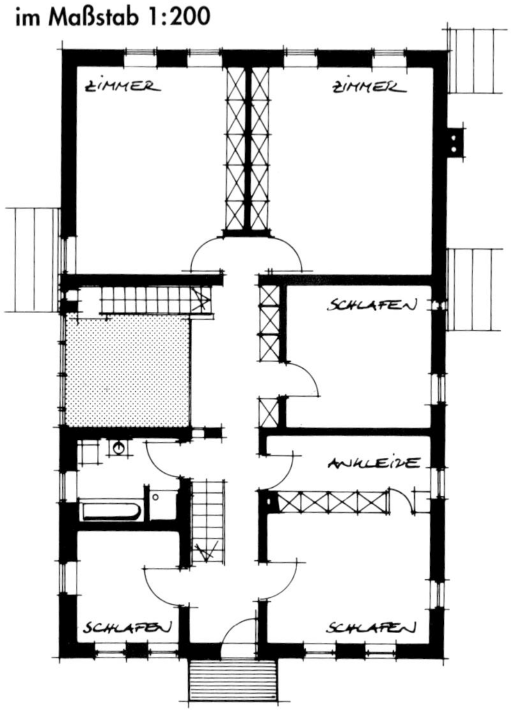

Eine trostlose Hülle, in die jemand Löcher zur Belichtung hineingestochen hat.

Klare, eindeutige Eingriffe in die Substanz haben aus dem Dutzendhaus wieder ein ansehnliches Gebäude mit zeitgemäßen Fassaden gemacht. Wie wichtig die richtige Fensterteilung in einem Haus ist, zeigt dieses Beispiel eindrucksvoll.

Die Öffnung der Decke zu einem Galeriegeschoß bringt willkommene Weite in das fast unverändert übernommene Erdgeschoß.

Blick aus der Halle in die offene Küche, die jetzt im Zentrum des Hauses liegt.

Die Decke über der offenen Küche wurde belassen. Sie schafft hier die gewollte Intimität und optische Abgrenzung zum Eßplatz.

Planung: Ulrich und Hannelore Timm, Hamburg

# Rekonstruktion eines Handwerkerhauses in Dithmarschen: Wie Haus und Garten wieder zu einem Ensemble wurden

Handwerk hat goldenen Boden, heißt es. Dieser Satz hat in der Stadt nach wie vor seine Berechtigung. Auf dem Lande dagegen reichte der Erwerb durch das Handwerk oft nur zum Nötigsten. Das war auch in dem einst wohlhabenden Dithmarschen nicht anders. Hier entstand dieses Anwesen vor etwa 150 Jahren als Reetdachhaus mit zentraler Tenne. Die Ausstattung umfaßte zwei Heizkamine, die in einen gemeinsamen Schornstein mündeten, eine kleine Räucherkammer unter dem Dach, in der das Fleisch geräuchert und für einen größeren Zeitraum konserviert werden konnte. Zum autarken Leben und als Nebenerwerb der Eigentümer gehörte die Viehhaltung, ein oder zwei Kühe, Schweine, Schafe, Ziegen und Hühner. Eine durchgreifende Erneuerung wurde zum ersten Mal um die Jahrhundertwende von dem damaligen Besitzer, einem Zimmermann, vorgenommen. Er erweiterte das Haus seitlich um einen Stall- und Werkstattanbau. Das Dach wurde mit Reet vom nahegelegenen See gedeckt, aber für den Frontispiz wählte er die neuentwickelte und »wertvollere« Teerpappe. Der Eingang erhielt, wie es damals Mode war, einen offenen Vorraum, betont durch zwei Säulen. Eine deutlich sichtbare Aufwertung der Liegenschaft. Ein weiterer, behutsamer Umbau erfolgte um 1930, in den sechziger Jahren dann trennte man sich von der alten Einrichtung – Kacheln und Alkoven in der besten Stube wurden durch großblumige Tapeten abgelöst, zeitgemäße Möbel ersetzten die alten Einbauten und Panoramafenster sollten für die gewünschte »Modernität« sorgen. Darüber hinaus wurden Fenster zugemauert, um die gerade aufgekommenen Schrankwände aufstellen zu können. Und um den letzten Rest Romantik – oder auch belasteter Vergangenheit – von dem Haus zu nehmen, erhielt die Ziegelfassade einen grauen Spritzputz als Verkleidung.

Das 1600 Quadratmeter große Grundstück wurde zu dieser Zeit dreifach genutzt: als Betriebshof, Viehweide und Nutzgarten. Vor einigen Jahren erwarb ein Gartenarchitekten-Ehepaar das Anwesen. Bei den Planungsüberlegungen stand sehr schnell fest, daß Haus und Grundstück ihr früheres Aussehen zurückerhalten sollten. Dazu waren umfangreiche Sanierungs- und Rückbauarbeiten notwendig. Die großen Fensteröffnungen erhielten ihre alten, richtigen Proportionen zurück, die vermauerten Fenster wurden geöffnet und wieder mit den traditionellen Sprossenfenstern versehen. Die Ondoline-Dachpappe wurde vom Dach genommen und wieder durch Reet ersetzt, eine vorgesetzte Gasbetonschale kam als Dämmung vor die Außenwände der Wohnräume, die, um den herkömmlichen Rotton wiederherzustellen, einen ochsenblutfarbenen Anstrich erhielten, denn eine Sanierung des Ziegelmauerwerkes war nicht mehr möglich. Eine wichtige Erneuerung erfuhr der Außenbereich des Anwesens, das nur in dieser umfänglichen Rückführung von Haus und Garten einen besonderen Charme zurückerhalten konnte. Die sandigen Betriebshofflächen wurden reduziert, die befahrbaren Bereiche sowie die Sitz- und Wegeflächen mit gebrauchten Natursteinen und Ziegeln wieder in kleinteiligen Mustern gepflastert. Auf dem neu angelegten Rasen wurden Ruhe- und Sitzplätze angeordnet und mit wetterfesten Bänken und Tischen möbliert. Neu hinzugekommen sind der Küchengarten, der von einer Eibenhecke eingefaßt wird, ein Teich, der im Sommer zum Baden einlädt und eine Sammlung historischer Rosen, so wie sie früher wegen ihrer herrlich duftenden Blüten in jedem Dithmarscher Bauerngarten gehegt und gepflegt wurden. Haus und Garten sind heute wieder eine ganz selbstverständliche formale Einheit, von denen man leider viel zu wenige in den Dörfern Dithmarschens findet. Denkmalschutz und Landschaftspflege sollten sich – auch bei kleineren Objekten – nicht allein auf die Gebäude beschränken, sondern viel öfter auch das Grundstück einschließen. Dafür ist dieses Beispiel eine überzeugende Anregung.

**Das Charakteristische der Häuser in diesem Landstrich sind die eindrucksvollen Reetdächer. Werden sie richtig gepflegt, halten sie über Generationen. Schwierig ist es nur, Handwerker zu finden, die diese traditionsreiche Arbeit noch beherrschen.**

Der Grundriß des Hauses wurde nahezu unverändert übernommen. Nicht dagegen die Anlage des Grundstücks, die heute ein vielseitiges Gartenparadies mit ganz unterschiedlichen Nutzungs- und Erlebnisbereichen bietet. Eine eigene Welt, die der Gartenplan schon früh erahnen ließ.

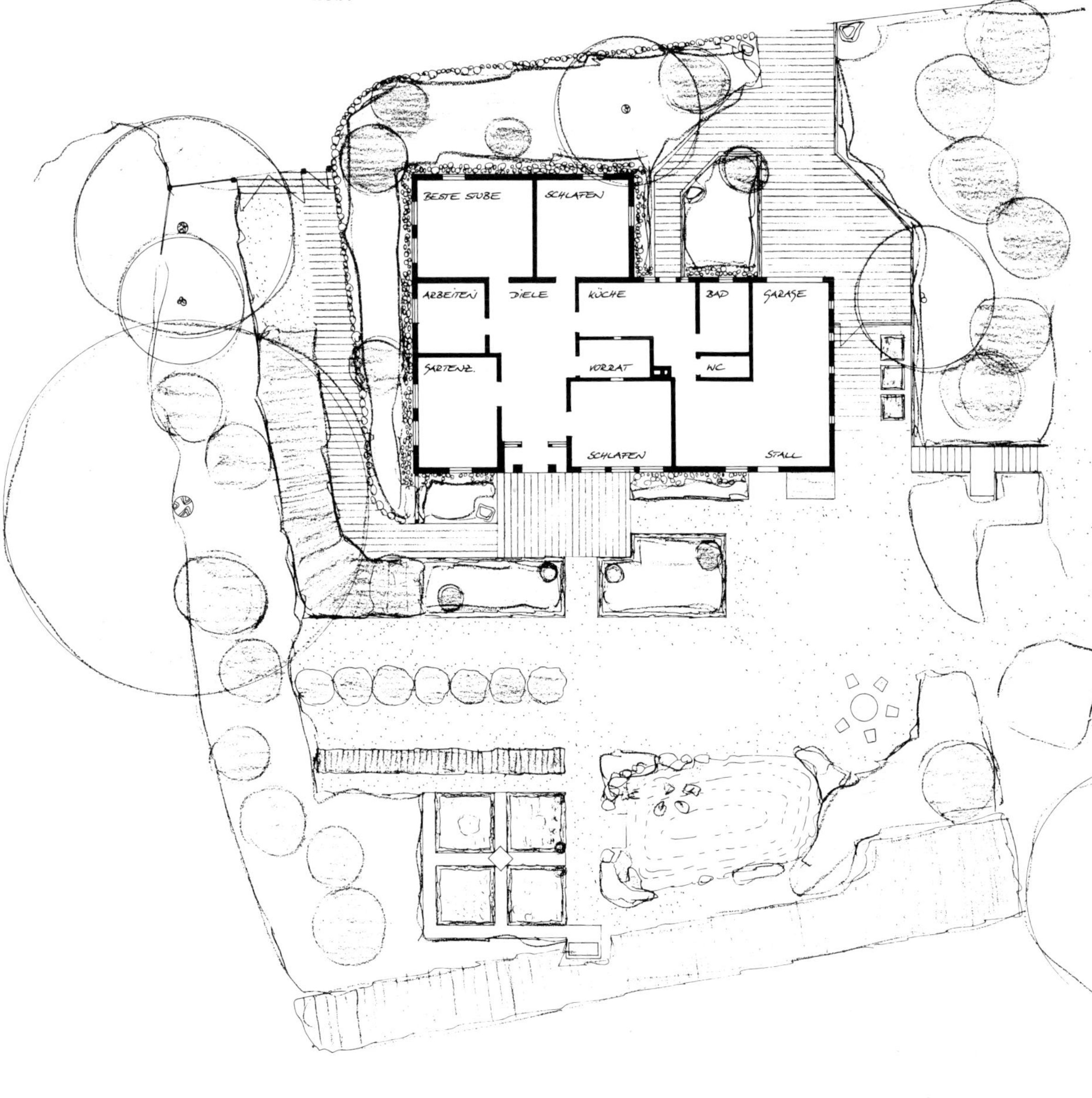

Gartenarchitektonische Abwechslung auf wenig Grundstücksfläche macht dieses Stück zurückgewonnene Natur zu einem Lehrbeispiel der Gestaltungsmöglichkeiten.

Kleine, gepflasterte Plätze mit ganz unterschiedlicher Ausstrahlung laden zum Verweilen und Genießen ein.

Hier haben schon früh die Vorstellungen der Städter das Bauen bestimmt: Das Säulenportal als Synonym für Weltoffenheit.

Manchmal haben Kompromisse auch ihr Gutes. Da sich das Ziegelmauerwerk nicht mehr restaurieren ließ, strahlt das Haus jetzt in einladendem, schwedischen Rot. Es erinnert an den Ziegel, ist aber besonders in den regenreichen Monaten in seiner Wirkung viel heiterer. Das kann in dieser Landschaft sehr hilfreich sein.

Die Restaurierung eines Hauses ist irgendwann abgeschlossen. Ein Garten bedarf dagegen der ständigen Fürsorge, er ist für den Enthusiasten niemals fertig. Auf dem Lande wünscht man sich für beides wieder die Aufmerksamkeit, die diesem Anwesen zuteil geworden ist.

Architekten: Prof. Jochen Karrenbrock, Manfred Hammers, Aachen

# Neuanfang für ein Kleinbauernhaus in der Eifel

Das kleine Haus zeigt eindrucksvoll, wie sich die Lebensansprüche und Gewohnheiten geändert haben: Vor dreihundert Jahren wurde hier auf 36 Quadratmetern gewohnt, die verbleibende Fläche war in einen Stall und eine Scheune aufgeteilt – alles zusammen auf weniger als 90 Quadratmetern Grundfläche.
Das vom Verfall bedrohte kleine Anwesen stand unter Schutz, die Denkmalpfleger haben dann auch an der Neukonzeption mitgewirkt und den Bauherrn mit Fördermitteln in seinem Engagement unterstützt. Über die Hälfte aller Umbau- und Erhaltungsarbeiten wurden selbst erbracht, entsprechend ist die emotionale Bindung zu dem eigenen Werk, das heute der Familie als Ferienhaus dient. Die Grundstückssituation mit angrenzendem Weideland und weitem Blick ins Tal ist besonders reizvoll, und ein Neubau wäre an dieser Stelle nie genehmigt worden.
Die alte Fachwerkkonstruktion gliedert das Haus in vier Achsen. Im mittleren, bis in den First offenen ehemaligen Stall wurde ein großzügiger Koch- und Eßplatz mit Zugang zum Garten eingerichtet, der alte Kamin- und Wohnbereich in seiner Zweigeschossigkeit erhalten und mit einer steilen Treppe versehen, die unters Dach zu den Schlafkojen führt. In die an den Küchenbereich angrenzende ehemalige Scheune planten die Architekten eine selbsttragende Holzskelettkonstruktion von innen vor das alte Fachwerk. Dadurch konnte hier ein neuer Eingang mit Flur, Abstellkammer und Bad entstehen und in der Ebene darüber eine kleine Wohngalerie mit Blick ins Erdgeschoß.

Die baulichen Eingriffe waren erheblich: Das gesamte Fachwerk mußte abgeschliffen und zum Teil auch ganz erneuert werden, ebenso die Gefache. Aus denkmalpflegerischen Gründen sollte der alte Dachstuhl erhalten werden, er mußte daher durch einen neuen ergänzt werden, an dem Wärmedämmung und innere Verkleidung befestigt werden konnten. Die inzwischen patinierten alten Hohlpfannen wurden gesäubert und wieder neu eingedeckt, teilweise mußten sie ergänzt werden, nachdem passender Ersatz gefunden war. Die Wetterseite erhielt eine vor das Fachwerk gesetzte eifeltypische farbige Boden-Deckelschalung aus Holz.
Baupreise können am Ende der Bauzeit nur eine grobe Vorstellung davon geben, welches Ergebnis sich zu welchen Kosten erzielen läßt, hier waren es etwa 2600 DM je Quadratmeter Wohnfläche. Solche historischen Häuser sind unwiederbringlich, und damit sind sie unbezahlbar. Vor allem für diejenigen, die sich jetzt ganz selbstverständlich an diesem kleinen Schmuckstück erfreuen können. Ohne einen engagierten Käufer und Bauherrn wäre es inzwischen zusammengefallen.

**Hangseitig präsentiert sich das Haus geduckt – und in fast hoffnungslosem Zustand. Das Foto zeigt darüber hinaus den Vorgänger der Gipskartonplatte: das lehmverstrichene Reisiggeflecht in Dach und Wand.**

**Aus denkmalpflegerischen Gründen wurde die Konstruktion im Inneren erhalten und sichtbar gemacht. Unter der Holzverkleidung im Dach blieb auch die alte Balkenkonstruktion bestehen und für nachfolgende Generationen wieder freizulegen.**

Formale Elemente, die kein Neubau bieten kann: Freigelegtes Fachwerk und Deckenbalken bestimmen den Raumeindruck.

Das Haus von der Gartenseite. Einzig der Sockelbereich bedarf noch der Korrektur durch die versöhnende Patina.
Aber dafür werden ein paar Regenschauer schnell sorgen.
Immer wieder hat die einfache Struktur der Fachwerkhölzer einen ganz eigenen Reiz, den keine andere Konstruktion zu vermitteln vermag.

Grundriß Erdgeschoß im Maßstab 1:200

Grundriß Obergeschoß im Maßstab 1:200

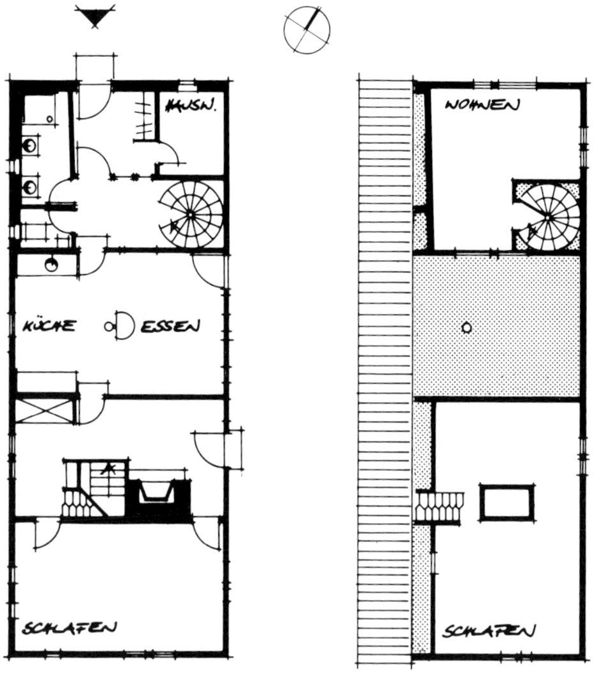

Architekt: Gerhard Mitterberger, Graz

# Erweiterung eines Bauernhauses: Zubau mit Charakter für die nächste Generation

Die Situation: Mit vorweggenommenem Erbteil erhalten die Schwiegerkinder die Möglichkeit, an das vorhandene Bauernhaus anzubauen. Als Landwirt ist der Erblasser darauf bedacht, so wenig nutzbaren Grund wie möglich zu überbauen – das erklärt die Form dieses das Haupthaus umarmenden Zubaus, der sich an die nahe Grundstücksgrenze anschmiegt und geschickt die extreme Hangsituation ausnutzt. Die Wohnebenen liegen dem Licht zugewandt und mit Zugang ins Freie in den Obergeschossen, im Erdgeschoß befinden sich Eingang, Nebenräume und Garagen. Neben der Grundstückssituation bestimmen die Wohnvorstellungen des Bauherrn, eines Bergführers, die Architektur: das Ambiente einer Almhütte. So ist der Anbau natürlich eine reine Holzkonstruktion, sämtliche Materialien sind in ihrer natürlichen Struktur belassen; weder die Innen- noch die Außenschale wurden mit Holzschutzmitteln behandelt, eine Verwitterung wird bewußt in Kauf genommen. Die Schale eines Tages auszutauschen, wird in jedem Fall preiswerter sein als eine ständige Pflege mit Holzschutzmitteln. Auch auf eine Zentralheizung wurde verzichtet, zwei gemauerte Öfen versorgen Wohnraum und Küche, der Fußboden im Bad wird elektrisch erwärmt, alle anderen Räume sind unbeheizt. Der gewollte Hüttencharakter schlägt sich auch in den Baukosten nieder: 130 Quadratmeter Wohnfläche mit Kellern und Garagen für umgerechnet etwa 140000 Mark – bei einem so ungewöhnlichen Bau und den erschwerten Grundstücksbedingungen viel Qualität für wenig Geld.

**Als leichtes Holzgerüst mit Nebengebäuden erscheint der Zubau hinter dem Haupthaus.**

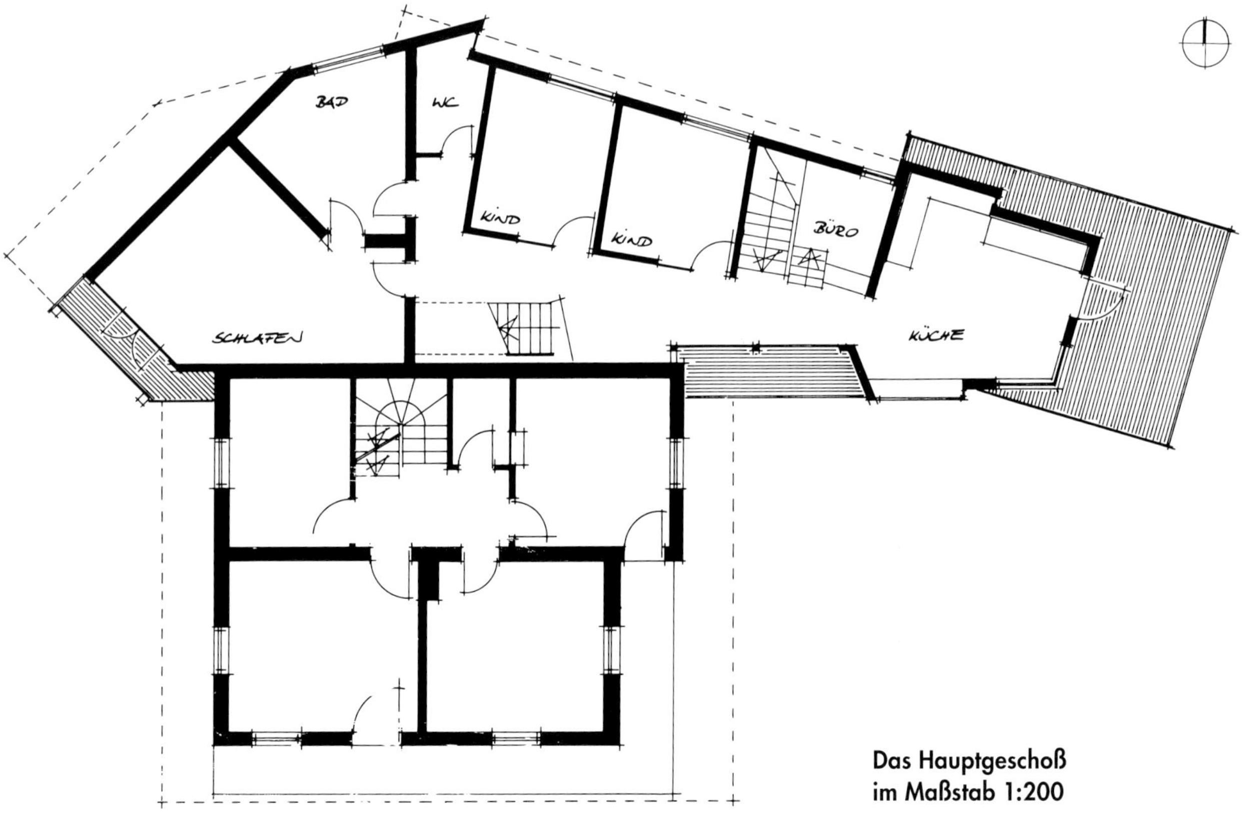


**Das Hauptgeschoß im Maßstab 1:200**

Hinter dem Haus lugt der Neubau hervor – formaler Dialog der Generationen.

Das gut sichtbare Nebenhaus lehnt sich formal an das Haupthaus an, durchbricht aber mit wenigen Architekturelementen dessen einfache Formensprache.

Auch am Eßtisch kann die Landschaft immer im Blick bleiben – hier als Ausschnitt.

Viel Holz bestimmt den Raumeindruck. Ungewöhnlich ist die Seitenfassade aus roh belassenen, gesägten Brettern.

Architekt: Mathias Schründer, Hamburg

# Erhalten durch Umnutzen: Gekonnter Umbau eines alten Gewächshauses

Das Gewächshaus mit wechselhafter Vergangenheit erfreut jetzt zum dritten Mal einen neuen Nutzer. Wahrscheinlich 1870 wurde die schöne gußeiserne Konstruktion aufgestellt, um 1900 auseinandergenommen, das Gebäude wurde abgerissen und in Schleswig-Holstein als beheizbares (!) Gewächshaus wieder aufgebaut. Seine Benutzung wurde vor vielen Jahren eingestellt, der kleine Bau verfiel. Da er aber optisch bedeutsamer Bestandteil einer Gutsanlage ist, mußte dringend eine neue Nutzungsmöglichkeit für das Haus gefunden werden. Heute dient es als Atelier des Architekten – ein wichtiges kleines Bauwerk konnte vor dem Verfall gerettet werden.
Die baulichen Maßnahmen zum Erhalt waren beträchtlich. Das ehemalige Heizhaus mußte von der den ganzen Raum ausfüllenden alten Ölheizung befreit und die Zwischendecke herausgenommen werden, um dem kleinen Raum mehr Höhe zu geben. Der einsturzgefährdete Dachstuhl wurde gerichtet, wärmegedämmt und neu eingedeckt. Eine kleine Außenwand-Flüssiggasheizung beheizt jetzt den massiven Teil des Hauses, an den Schornstein wurde ein gußeiserner Ofen für die Übergangszeit angeschlossen – Holz gibt es auf dem Gut genug. Auch der gesamte Fußboden mußte erneuert werden, im alten Heizhaus als Holzdielenboden, im Gewächshaus, der alten Nutzung folgend, als Ziegelbelag. Auch das Außenmauerwerk bedurfte der fast kompletten Sanierung, und anstelle der alten Eisenfenster wurden isolierverglaste Holzfenster eingebaut; die Gewächshauskonstruktion wurde wieder mit drei Millimeter starkem Gartenglas eingedeckt. Nur dieses nicht ganz planparallele Glas schafft den anmutigen Effekt des unterschiedlichen Lichtspieles auf den leicht geneigten und strukturierten Glasflächen, der die besondere Qualität alter Fenster und Verglasungen ausmacht. Der nötige Sonnenschutz und die Wärmedämmung werden durch außen aufliegende Reetmatten mit eingearbeiteter Luftpolsterfolie in Sandwichkonstruktion erzielt. Ein Prinzip, das sich in abgewandelter Form als Abdeckung von Außenschwimmbädern bewährt hat. Eine Küchenzeile und ein Bad bieten – wenn auch auf kleinstem Raum – die notwendigen Annehmlichkeiten, um auch »richtig« in dem Haus wohnen zu können: 22 Quadratmeter bietet das massive Heizhaus, 33 Quadratmeter werden – ebenfalls beheizbar – als Küche, Bad und Atelier genutzt, der Rest mit 47 Quadratmetern dient als Gartenzimmer und im Sommer ebenfalls als Atelier. Zehn Gewerke haben an dem Bau gearbeitet – für 1000 Mark je Quadratmeter Nutzfläche. Wo bekommt man außer auf dem Lande schon für so wenig Geld in herrlicher landschaftlicher und baulicher Umgebung eine so qualitätvolle Wohnumgebung? Die bieten nur alte Häuser, die man allerdings mit geschultem Kennerblick finden muß – aber es gibt sie, wie auch dieses Beispiel belegt.

**Das alte Gewächshaus war nur noch eine Ruine – besaß aber immer noch einen besonderen räumlichen und konstruktiven Reiz.**

**Nach der Restaurierung: Der architektonische Eindruck im Gesamtensemble des Hofes ist unverändert, Zeitzeuge einer vergangenen Gutshauskultur.**

Die Eisenkonstruktion erstrahlt in alter Schönheit. Große Ausstellklappen sorgen für genügend Ventilation. Ein Gartenzimmer von großem Reiz – wenn auch nur für den Sommer, da einfach verglast.

Der ganzjährig bewohnbare Teil des Gewächshauses liegt im ehemaligen Heizraum, der heute auch in seiner baulichen Ausstattung den Wärmeschutzverordnungen entspricht. Ansonsten ist es ein kleines Paradies.

# Gehöfte

Vom Leben auf dem Lande.
Siehe Projekt Seite 126.

Architekten: Team A, Graz

# Vom richtigen Umgang mit der Landschafts- und Architekturtradition: Umbau statt Abriß

Alte Häuser, die innerhalb der Familie vererbt werden, stellen die zukünftigen Bewohner häufig vor ein Entscheidungsproblem: das gute alte Erbstück entweder über Gebühr konservieren zu wollen oder aber seine Substanz in Frage zu stellen – der Abriß ist dann oft die Folge. Und schaut man auf die Fotos vom ehemaligen Zustand dieser beiden Gebäude – eine kleine Landwirtschaft in den Hügeln von Graz um 1800 –, dann ist die Überlegung der Bauherren, einen Neubau errichten zu wollen, nicht unverständlich, zumal sie keine Landwirte mehr sind. Aber am Ende des Abwägens stand dann doch die Entscheidung – allerdings mit Unterstützung des Architekten –, das kleine Anwesen zu erhalten. Die romantische Lage, die Eigenart der räumlichen Situation, die alte Bepflanzung und das Gewicht der Kindheitserinnerungen ließen die Bauherren von einem Abriß Abstand nehmen, und sie entschlossen sich für eine umfassende Renovierung. Nach Möglichkeit sollten erhaltenswerte Teile der Substanz, nicht nur die materiellen, sondern auch solche, die den geschichtlichen Reiz des Hauses ausmachen, sichtbar bleiben und mit neuen Elementen verbunden werden. Beim Wohnhaus wurden daher die Proportionen des Altbaus mit den Gewölben und kleinen Fenstern nicht verändert, auch die Gestaltung der Stube soll an das vergangene bäuerliche Leben auf diesem Hof erinnern. Um aber auch zeitgemäße, lichtdurchflutete Räume zu erhalten, mußte der Dachstuhl für einen sinnvollen Ausbau angehoben werden. Hier entstanden reizvolle Wohn- und Arbeitsräume mit Bad und Sauna auf unterschiedlichen Ebenen.

Das schräg zum Wohnhaus angeordnete ehemalige Stall- und Scheunengebäude ist zu einer kleinen Werkstatt und einem Atelier für die Hobbytöpferei umgebaut worden. Hier betonen die neuen Architekturelemente den Funktionswechsel, gleichzeitig den baulichen Sinn der Ensemblesituation. Die alten Steingewände blieben unverputzt und die Balken sichtbar – Erinnerung an eine vergangene Bauepoche und an Materialien, die heute in dieser handwerklichen Verarbeitung nicht mehr eingesetzt werden. Die neue Pflasterung – ein Luxus, den sich Landwirte nie erlaubt hätten – schafft einen den heutigen Bedürfnissen angepaßten Bodenbelag und gleichzeitig die optische Verbindung der beiden Gebäude. Das Ergebnis der Umbaumaßnahme ist ein reizvolles Anwesen mit getrennten Funktionsbereichen und einem kleinen Innenhof, der den Geist einer vergangenen Zeit spüren läßt, ohne sich romantisierend dem Neuen zu verschließen. Aus einst 60 Quadratmetern sind 120 im Wohnhaus und noch einmal 60 Quadratmeter im Nebengebäude entstanden. Alle Eingriffe in die Substanz und der Einbau neuer Materialien geschahen unter ökologischen Aspekten. Und ob sich ein Neubau dieser Qualität und Größe zu den entstandenen Kosten hätte realisieren lassen, ist zu bezweifeln. Pro Quadratmeter Nutzfläche wurden umgerechnet etwa 2200 Mark verbaut.

**Grundriß Erdgeschoß im Maßstab 1:200**

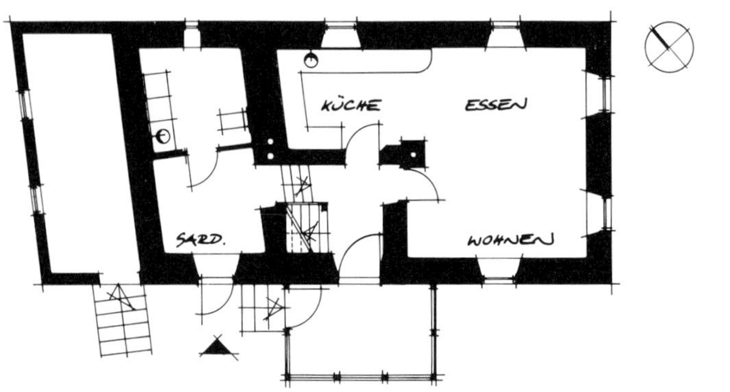


**Grundriß Obergeschoß im Maßstab 1:200**

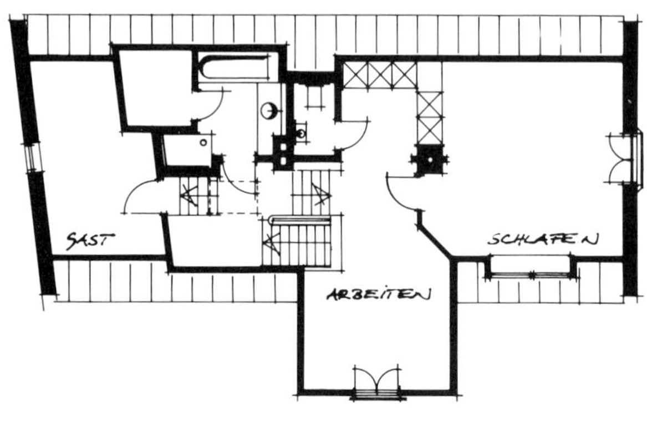

Das kleine Nebengebäude, das heute als Atelier dient, ist für den Reiz der Gesamtanlage als Hofgefüge unverzichtbar. Ein Neubau in dieser charakteristischen Form wäre vielleicht nie zu errichten gewesen.

Der Altbau des Haupthauses konnte nur noch als unzureichender Rohbau gelten – aber auch der bietet ja einem erfahrenen Gestalter Möglichkeiten.

Der Zustand vor dem Umbau zeigt die Nutzlosigkeit eines Stalles auf diesem Hof; er verfiel.
Das alte Bruchsteinmauerwerk betont den Werkstattcharakter des Raumes, ebenso der einfache eiserne Ofen.

Welchen Charme dieses Ensemble heute ausstrahlt und wie sich die Betrachtungsebenen und Wertschätzungen verschoben haben, zeigt dieses Bild. Landwirtschaftlich notwendige Nutzfläche wurde zum gestalteten Garten – eine andere Welt.

Der Stall mit neuer Fassaden-
verkleidung. Vor das große
Fensterelement läßt sich – wie
bei einer Scheune – ein großes
Tor ziehen. Traditionelle
Form für eine neue Funktion.

Architekt: Rudolf Seidl, Burghausen

# Sanierung eines oberbayrischen Vierseithofes oder: Wie ein Paradies entsteht

Wie gut, daß Architekten auch einmal alle rationalen Betrachtungen verwerfen und sich einfach mitreißen lassen. Denn das, was die Architektenfamilie suchte, war ein älteres kleines Wohnhaus, das durch Umbau den Familienwünschen angepaßt werden sollte. Und dann fand sie diesen Vierseithof, der sich heute wieder in seiner ganzen architektonischen Pracht zeigt.
Nicht so beim Kauf. Das Bauernhaus von 1650 und die Stallungen aus der Zeit um 1850 hatten zwanzig Jahre lang leergestanden, der Abriß war bereits vorbereitet, mehr als unverständlich bei der architektonischen Qualität und landschaftlichen Situation.
Der interessanteste Raum war der Kuhstall, er wurde als Wohnhaus für die neuen Eigentümer umgebaut. Die anderen Gebäude wurden renoviert, um sie als Substanz überhaupt erhalten zu können. Der Kuhstall ist eine Nagelfluh-Tuffstein-Mauerwerkskonstruktion, mit Säulen aus Untersberger Marmor und einem darüberliegenden böhmischen Gewölbe, auf dem die Holzdecke liegt. Das Raumkonzept für das Erdgeschoß war stark von denkmalpflegerischen Bedingungen geprägt: Die bestehenden Öffnungen in der Fassade durften in ihren Größen nicht verändert werden. So bot es sich an, den Grundriß beizubehalten. Der ehemalige, durch Säulen und Gewölbe gegliederte Stallteil ist Wohnraum, daneben liegt der große Koch- und Eßbereich in der früheren Futterkammer und den anschließenden Wirtschaftsräumen. Die Treppe wurde aus dem Stall dorthin verlegt, sie erschließt die Schlafebene, die in Leichtbauweise ausgebaut wurde. Wegen der jetzt höheren Lasten mußten die Säulen mit neuen Fundamenten unterfangen und auch die Balkenlage über dem Gewölbe erneuert und mit einem Fichtendielenboden belegt werden.
Wer Großzügigkeit schätzt, kann sich nur verlieben in eine so vorbildlich restaurierte Hofanlage, bei der jedes einzelne Gebäude sein eigenes architektonisches Gewicht hat. Bauerngarten und Teich runden die paradiesische Situation ab. Die Baukosten: 1700 Mark für jeden der 290 Quadratmeter Wohnfläche. Und der Abriß war schon geplant...

**Kleiner schmückender Dachreiter am Giebel des Haupthauses.**

**Die hofabgewandte Seite der Gesamtanlage. Hier werden die Dimensionen der Gebäude deutlich.**

Rechts das Haupthaus, links der Kuhstall, der ausgebaut wurde. Die großen Holztore erinnern noch an die Stallzufahrt – sie dienen heute als Klappläden vor den Fenstern.

Das Stallgebäude vor dem Umbau. Es hatte zwanzig Jahre leergestanden.

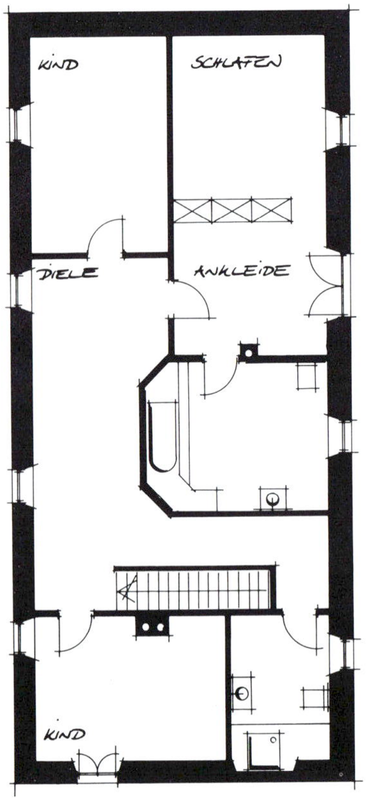


Grundriß Obergeschoß
im Maßstab 1:200

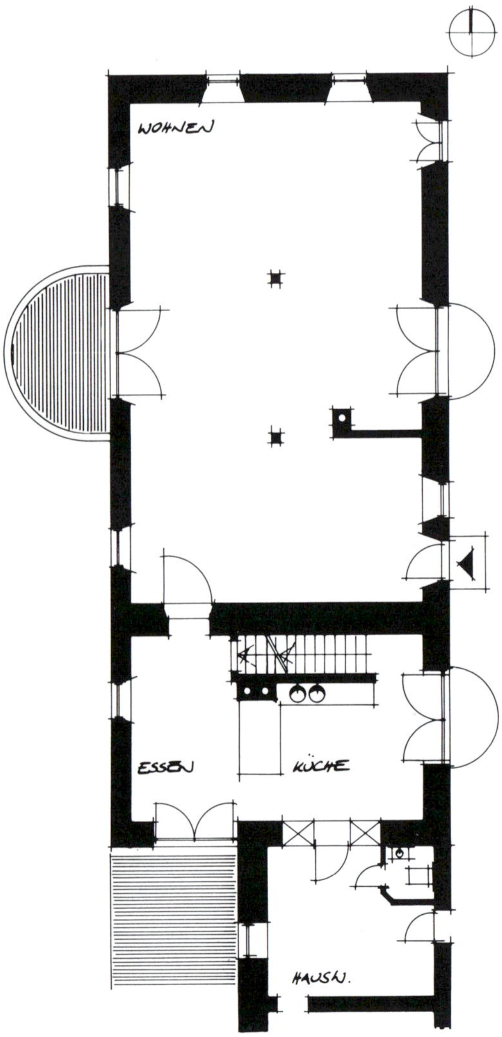

Das Bad im Obergeschoß, selbstbewußt in einer neuen Architektursprache.
Die Küche im Erdgeschoß verbindet den zeitgemäßen Entwurf mit den stimmungsvollen Elementen der alten Bausubstanz.

Grundriß Erdgeschoß
im Maßstab 1:200

Der Stall vor dem Umbau. Es gehört schon Mut dazu, sich vorzustellen, eines Tages unter diesen Gewölben wohnen zu wollen.

Das Ergebnis überzeugt. Solche Formen und Materialien kann kein Neubau bieten.

Bauwerk, Hofanlage, Teich und umgebende Landschaft stellen nach der umfangreichen Revitalisierung wieder ein paradiesisches Gesamtensemble dar.

Kleine sommerliche Impression, die an das Landleben in Italien erinnert.

Auch das Backhaus wurde instandgesetzt – ein wichtiges bauliches Element der Hofanlage, Zeichen früherer Autarkie der Bewohner.

Architekt: Wolfgang Feyferlik, Graz

# Gekonnte Ergänzung der alten Substanz – ein Dreiseithof mit neuer Funktion

Die Bauherren aus der Stadt hatten den kleinen Dreiseithof in der Annahme gekauft, ihn mit einigen Modifikationen und Renovierungen beziehen zu können, doch sie irrten sich. Die Bausubstanz des Wohntraktes erwies sich als so marode – in den zwanziger Jahren war schlechtes Material verwendet worden –, daß bei vernünftiger Betrachtung nur ein Abriß des ehemaligen Wohnhauses in Frage kam. Der Abbruch sollte aber nicht bewirken, die Hofanlage grundsätzlich zu verändern. Vielmehr war es der verständliche Wunsch der Bauherren, den ursprünglichen Charakter und die Gesamtanlage zu erhalten. Die Planungsgespräche führten dann zu dem Kompromiß, einen Neubau zu errichten, dessen Konzeption deutlich macht, was übernommen und welche Bereiche den heutigen Wohnwünschen angepaßt wurden; schließlich ist nicht jede alte Bausubstanz unantastbar, der Neubau betont aber gleichzeitig, daß unter der charakteristischen äußeren Gestalt ein ganz neues formales Spannungsfeld entstanden ist. Ein Wohnhaus für Menschen aus der Stadt, die keine Landwirtschaft mehr betreiben, muß schließlich anders aussehen als das ländliche Bauen im traditionellen Sinn, soll es nicht museal und geschmäcklerisch ausfallen. So greift der Entwurf ganz bewußt eine klar ablesbare Form auf: Unter dem Satteldach wurden zwei »Container« gestapelt, mit den Schlafräumen im Obergeschoß und dem Wohntrakt im 45 Zentimeter abgesenkten Erdgeschoß, um eine noch direktere, spannungsreiche Verbindung zum Außenraum zu erreichen. Darum wurde auch auf Fensterrahmen und Schwellen verzichtet, Fensterbank, Terrassenbelag und Rasen liegen auf einer Ebene. Die veränderte Nutzung des Bauernhofes spiegelt ebenfalls die Konstruktion wider. Der tragkonstruktive Rahmen besteht aus Betonscheiben, die Container aber sind eine reine Holzkonstruktion mit Ständerwerk, optimaler Dämmung, Hinterlüftung und Beplankung. Die großen Glasflächen nach Südwesten nutzen gut die Sonnenenergie, die zugleich durch die gläsernen Dachziegel das Innere des Baukörpers erwärmt. Überzeugend ist auch die faszinierende Wirkung dieser durch Glasziegel »aufgelösten« Dachfläche. Entstanden sind 175 Quadratmeter neuer Wohnfläche zu moderaten Preisen, da konsequent auf eine einfache Bauweise gesetzt wurde. Das Ergebnis überzeugt: Unter dem eher traditionell wirkenden Dreieck eines Satteldaches ist eine ungewöhnliche, aber zeitgenössische Wohnform entstanden – und der für das Landschaftsbild so wichtige Dreiseithof wurde erhalten.

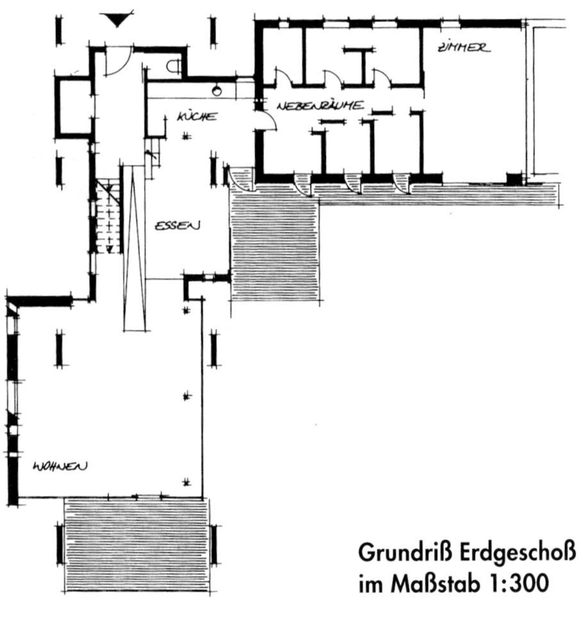


Grundriß Erdgeschoß
im Maßstab 1:300

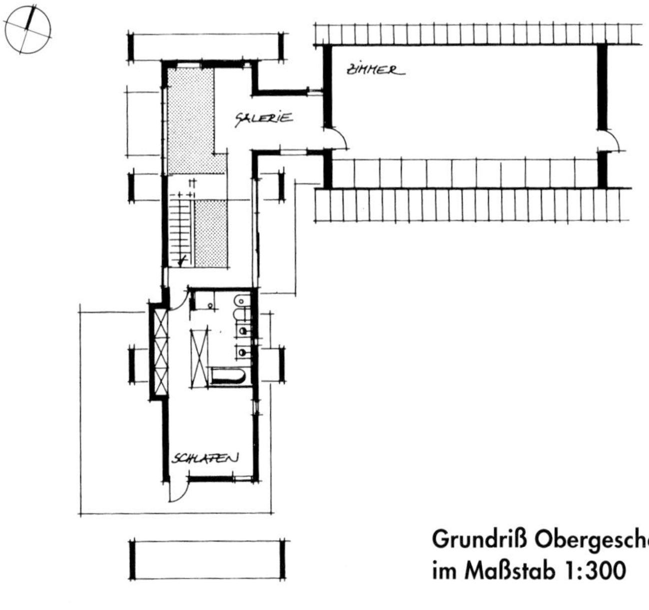


Grundriß Obergeschoß
im Maßstab 1:300

Aus der Distanz sieht die Hofanlage noch recht vielversprechend aus. Das hatte auch die Bauherren getäuscht.

Ein Neubau, der erst einmal Rätsel aufgibt und zur Entschlüsselung ein genaues Hinsehen erfordert.

Innen dominiert das Neue Bauen mit einfachen Materialien und klaren Formen: Der Aufgang zum Obergeschoß-»Container«.

Ganz in Glas aufgelöst ist der Erdgeschoßwohnraum, eine zeichenhafte Architektur für das veränderte Verständnis dieses Hofes, für den die umgebende Landschaft mit ihren Erträgen einmal Lebensgrundlage war.

Durch die Glasziegel fällt das Licht auch auf das eingeschobene Obergeschoß. Gleichzeitig symbolisiert dieses Stilmittel die Offenheit, mit der an diese Bauaufgabe herangegangen wurde.

Architektin: Mechtild Friedrich-Schoenberger, Münsing-Ammerland

# Kulturhistorisch einmalig: Der Haubarg – eine bedrohte Architekturform

**Auch wenn die landschaftliche Situation besticht, der bauliche Zustand, vor allem der Dächer, ist bei den wenigen noch erhaltenen Haubargen meist schlecht, die Architektur entstellt.**

Auf der Halbinsel Eiderstedt gab es im vorigen Jahrhundert fast 400 dieser mächtigen »Heuberge« – das sind Einhausgehöfte mit sehr niedrigen Außenmauern, die dem rauhen Nordseewind wenig Angriffsfläche bieten. Der Grundriß ist meist quadratisch – einfach zu bauen, statisch äußerst stabil – und bietet ebenerdig Raum sowohl für den Wohnteil als auch Ställe für das Vieh. Darüber erhebt sich das riesige Reetdach, unter dem das Heu für den Winter geborgen wurde. Eine architektonische Form eines Hauses, die es nur in diesem Landstrich mit dieser Nutzung und diesen Umweltbedingungen und den dort verfügbaren Materialien gab: Ziegel, Holz und Reet für das Dach. Da der Gebrauchswert dieser architektonischen Fossilien heute gering ist – eine enorme Kubatur, die nur zu einem sehr kleinen Teil ausgebaut und verändert werden darf –, bedarf es wirklicher Liebhaber, die sich für den Erhalt der imposanten Bauten einsetzen, von denen es nur noch wenige gibt. Nur etwa zehn Haubarge sind in ihrer historischen Form außen und innen erhalten, weitere dreißig wurden stark verändert, verfallen – und warten eventuell auch auf einen Retter. Allerdings sind die Auflagen des Denkmalschutzes für die Nutzung dieser Häuser verständlicherweise sehr streng. In diesem Falle bot sich der Dachraum über der restaurierten Wohnung im Erdgeschoß für den Ausbau an – Fläche gibt es genug, aber kaum Möglichkeiten, diese zu belichten. Früher wurde hier das Heu geborgen, Sonneneinstrahlung war wegen der Brandgefahr durch die wie Brennglas wirkenden Scheiben nicht besonders geschätzt, also waren die Belüftungsfenster sehr klein. Sie durften aus formalen Gründen für den Umbau und die neue Nutzung nicht verändert oder erweitert werden. Eine harte, aber doch richtige rechtliche Auflage, wenn man sich ansieht, was weniger verantwortungsvolle Bewohner aus manchem Haubarg gemacht haben. So mußte das Grundrißkonzept ganz auf die geringen Belichtungsmöglichkeiten zugeschnitten werden. Die doppelstöckigen Schlafalkoven und der Flur wurden in die Dunkelzone des Grundrisses gelegt, der große, offene Wohn- und Küchenbereich wird über die Schmalseiten belichtet. Glastüren sorgen für transparente Unterteilungen. Fein durchdachte Details wie die Schiebetüren zu Kammern und Bad – es sollte schließlich keines der wenigen Fenster verstellt werden – schaffen nicht nur einen großzügigen Grundriß, der bis in jede Ecke ausgenutzt wurde, all diese Einbauten haben sich auch funktional bestens bewährt, eine Raum- und Detailökonomie, wie man sie sonst nur auf Schiffen findet.

Der Umbau hat etwa 170 Quadratmeter zusätzlicher Wohnfläche erbracht, und doch zu Preisen, die für ein Kulturdenkmal günstig sind. Jeden, der sich für Bau- und Architekturgeschichte interessiert, muß ein solches Haus locken. Natürlich sind die Aufwendungen für den Erhalt groß, und immer droht die Gefahr, daß doch einmal ein Blitz einschlägt – trotz der mächtigen Blitzableiter. Hier war und ist die Faszination größer als die Angst, und der Haubarg kann erhalten werden. Großartig, wenn eine solche Leidenschaft uns allen zugute kommt, die wir diesen mächtigen Bau, von Linden umgeben, in seiner ganzen Schönheit vom Deich aus bewundern können.

**Grundriß des umgebauten Obergeschosses im Maßstab 1:200**

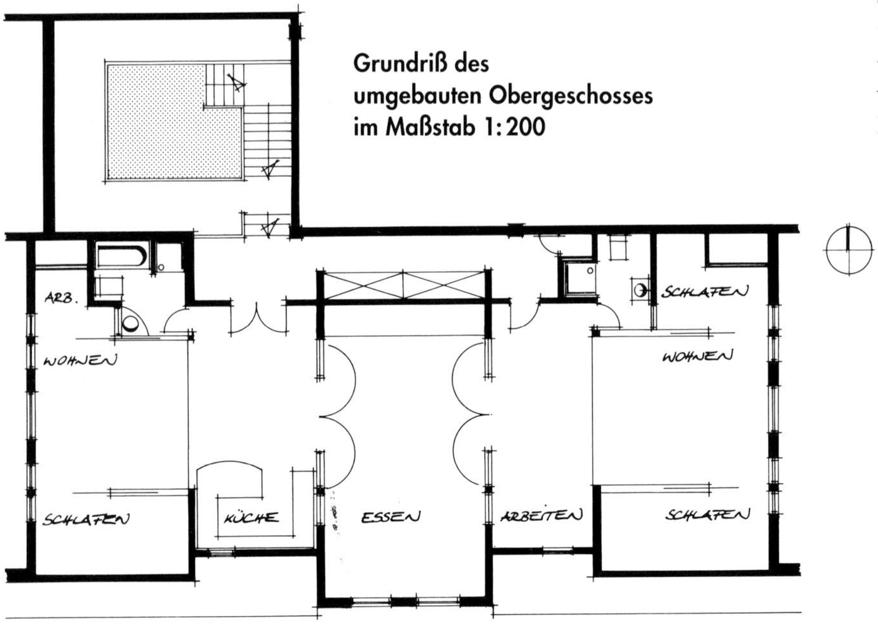

Gewaltig türmt sich die tragende Holzkonstruktion auf – fast ohne Fensteröffnungen, was eine andere Nutzung als das Lagern von Heu fast unmöglich macht und den Erhalt dieser Gebäude so erschwert.

Am Modell läßt sich die bauliche Situation für Bauherrn und Architekten am besten darstellen.

Der Blick vom Eingang auf die halboffene Küche. Zur Belichtung der langgestreckten Innenzone wurden die Wandelemente zu beiden Seiten weitgehend verglast.

Neben aller Funktionalität gab es auch die schmückenden Elemente an dieser Haubarg-architektur – eine gedämpft fröhliche Farbgebung, die sich auch häufig im alten Mobiliar und Innenausbau fortsetzt.

Da aus denkmalpflegerischen Überlegungen und wegen der Brandgefahr nur Teile des Obergeschosses ausgebaut werden durften, wurde zur Platzersparnis die Schlaf- und Spielebene für die Kinder zweigeschossig angelegt.

Die Fenster des Obergeschosses sind klein und liegen mit ihren Brüstungen unmittelbar über dem Boden. Keine leichte Aufgabe, einen solchen Raum ausreichend zu belichten.

Architekt: Franz C. Demblin, Wien

# Architektur setzt Maßstäbe: Revitalisierung eines niederrheinischen Gutshofes

Daß Weinbauern bedeutender Häuser im Bordelais oder in Kalifornien, wo Architektur als Markenzeichen dient, berühmte Architekten mit der Neugestaltung ihrer Anwesen betreuen, zeigt, wie eng Produkt, Lebensart, Landschaft und Architektur miteinander verwoben werden können und daß dieser Zusammenklang als etwas Positives und Selbstverständliches empfunden wird. Auch deutsche Gutshöfe hatten in den wohlhabenden Landstrichen etwas von dieser Lebensart, die im Zuge der Umwandlung von Bauernhöfen zu landwirtschaftlichen Betrieben und Produktionsstätten aber häufig durch neue Zweckbauten ihren produkt- und landschaftstypischen Charakter verloren haben – und ihre Würde. Heute gibt es aber auch hier wieder Vertreter eines landwirtschaftlichen Selbstbewußtseins, das sich an traditionellen Vorbildern orientiert und dieses auf zeitgemäße Weise neu interpretiert, wie dieses Beispiel zeigt. Es steht stellvertretend für andere landwirtschaftliche Anwesen, die sich dem beruflichen Erbe und seinem architektonischen Rahmen verpflichtet fühlen und nach Wegen suchen, beides in Einklang zu bringen.
Der niederrheinische Gutshof hat die Form einer geschlossenen Vierflügelanlage aus dem 19. Jahrhundert, welche die Spuren einer spätmittelalterlichen Wasserburg nachzeichnet. Auf dem Lageplan läßt sich die Situation der früheren Vorburg im Bereich des heutigen Hofes und die einstige Hauptburg im westlichen Grabengeviert erkennen. In deren Mitte steht nun der Neubau der »Villa Quadrata«, das Wohnhaus des Gutsbesitzers.
Eine Besonderheit der alten landwirtschaftlichen Anwesen, unabhängig von ihrer Größe, ist ihre oft wechselvolle Geschichte, um die sich häufig auch Anekdoten ranken, so wie hier um einen in unmittelbarer Nähe der neuen Villa befindlichen Hügel, der für »hohen Besuch« extra aufgeschüttet wurde. Am 21. September 1884 hat Kaiser Wilhelm I. dort das sogenannte Kaisermanöver auf den umliegenden Feldern beobachtet. Ein kleines Häuschen in der Nähe des Hügels diente als Toilettenhaus und wurde im Volksmund »Kaiserscheißhaus« genannt, da es extra für den Kaiser anläßlich der Manöverbeobachtung errichtet worden war.

Zurück zur Gegenwart. Das weiß geschlämmte Herrenhaus aus dem 18. Jahrhundert stößt an die Tordurchfahrt, welche einst vermutlich von einem Wehrturm beherrscht wurde. Der anschließende frühere Kuhstall wird gegenwärtig zu einem Wohnhaus mit drei zweigeschossigen Wohnungen umgebaut. Die Fachwerkscheune an der Süd-West-Ecke mußte wegen Baufälligkeit abgetragen werden. An ihre Stelle trat ein kleines Gebäude für die Gutsverwaltung sowie das zentrale Heizhaus. Zwischen diese beiden Baukörper schiebt sich die neue Hofdurchfahrt, deren offener Dachstuhl von hier massiv gemauerten Eckpfeilern getragen wird. Die Revitalisierung des südlichen Scheunenflügels steht noch bevor, auch hier sollen Wohnungen eingebaut werden. Den östlichen Flügel der Anlage bildet die große Maschinenhalle, die für landwirtschaftliche Zwecke unverändert bleibt.
In der Mitte des rechteckigen Hofes soll ein kleines, quadratisches Tempietto errichtet werden, um das Zentrum der Anlage zu markieren. Die neue Villa Quadrata steht an der Stelle eines früheren Landarbeiterhauses aus dem Jahre 1870. Mit ihrer nördlichen Gebäudekante tangiert die Villa eine Wegachse vom Hof durch die Durchfahrt zu einer alten Backsteinbrücke über den Wassergraben nach Westen hinaus in die freie Landschaft. Die leicht verschwenkte Achse führt zum Eingang der Villa. Diese steht somit in sichtbarer Verbindung mit den Gebäuden des Hofes, tritt aber zugleich auch mittels allseitig identischer Fassaden in einen Dialog mit der umgebenden Landschaft, die von einem Kranz alter Parkbäume begrenzt wird. Die Idealform der ländlichen Villa, basierend auf dem Typ des Zentralbaus, dient als Metapher für eine zeitlose, der Klassik verpflichtete Architektur, deren kulturellen Höhepunkt die Villa Rotonda von Palladio bei Vicenza gesetzt hat. Absicht aller baulichen Eingriffe in die Substanz des Gutshofes ist, die Spuren des Alten freizulegen und ihnen nachzuspüren, ohne dabei aber das Neue unkritisch dem Alten unterzuordnen. Diesem Gedanken folgt die Materialwahl des Ziegelsteins auch für den Neubau. Die geschichtliche Kontinuität in der Architektur fortschreibend, gelingt Zeitlosigkeit mit diesem Material am ehesten. Es wird in besonderer Weise dem Habitus und der Tektonik des Vorgefundenen gerecht und kann die neue Baumaßnahme nahtlos in die gewachsene bauliche Struktur einbinden. Der Charakter des Gutshofes mit den unterschiedlichen Wirtschaftsgebäuden bleibt erhalten, die Funktionen des Wohnens fügen sich in die Architektur der Hofanlage, ohne die Spuren des Früheren zu verwischen.

Ein seltenes Experiment von lebendigem Gutsbetrieb und Neuem Wohnen – und ein Vorgriff auf die Zukunft für eine würdevolle, gegenwärtige Gutshofarchitektur, die ein neues Antlitz für eines der wichtigsten Gewerbe überhaupt sucht: den Anbau und die Veredelung von Nahrungsmitteln für uns Menschen. Dieses Projekt lädt zum Nachdenken ein.

**Der Lageplan verdeutlicht den fast wehrhaften Charakter der alten Hofanlage mit der neu hinzugefügten Villa, die sich in ihrer Architektur deutlich und programmatisch von den landwirtschaftlichen Gebäuden absetzt.**

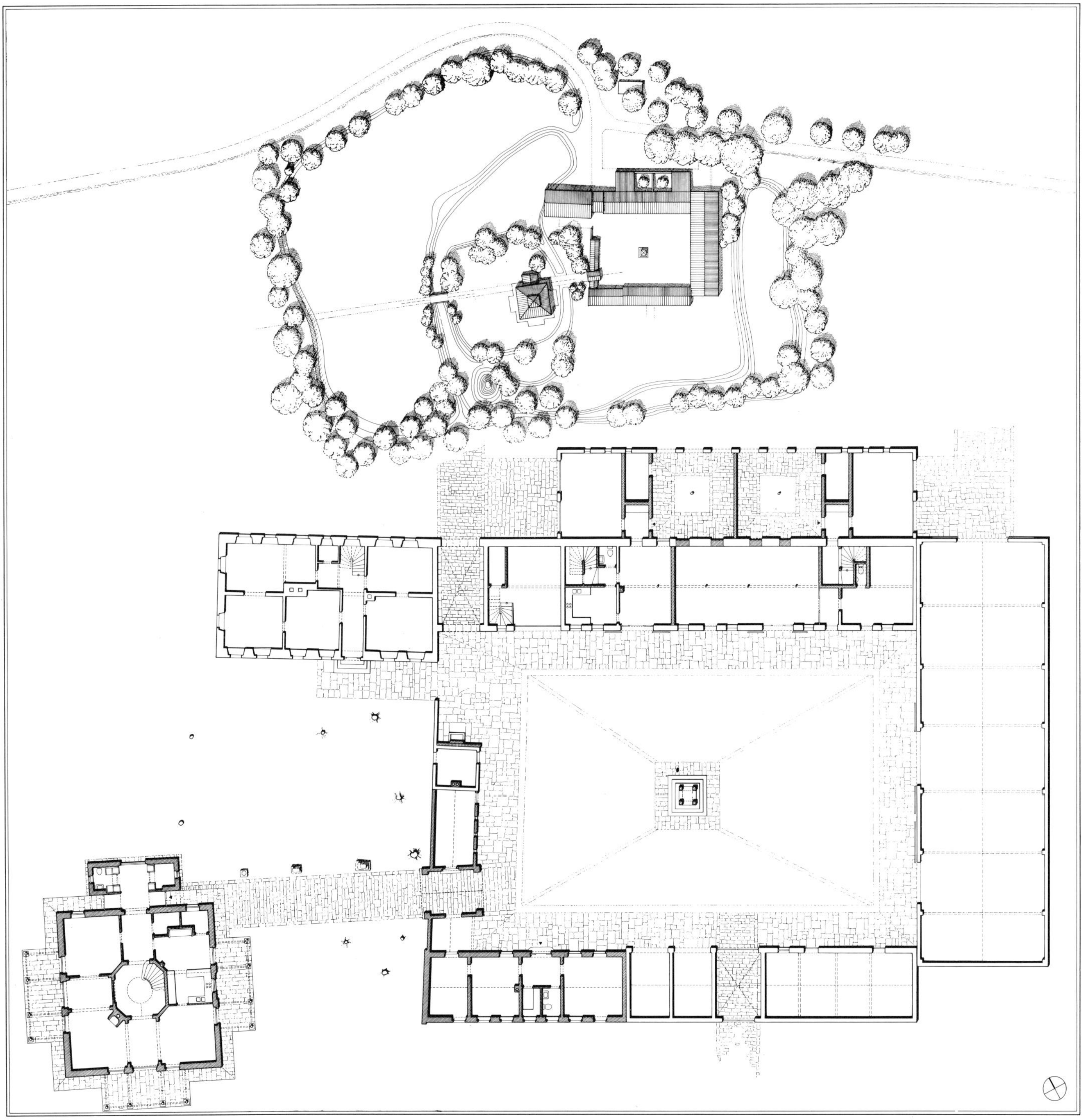

Fassadenabwicklung der landwirtschaftlich genutzten Gebäude. Ein Schaublatt, das auch die Freude des Bauherrn an der Revitalisierung des alten Gutshofes widerspiegelt.

Die Anlage befindet sich teilweise noch im Bau. Das kleine Foto soll daher nur einen ersten Eindruck von der architektonischen Wirkung von Neu- und Altbauten geben.

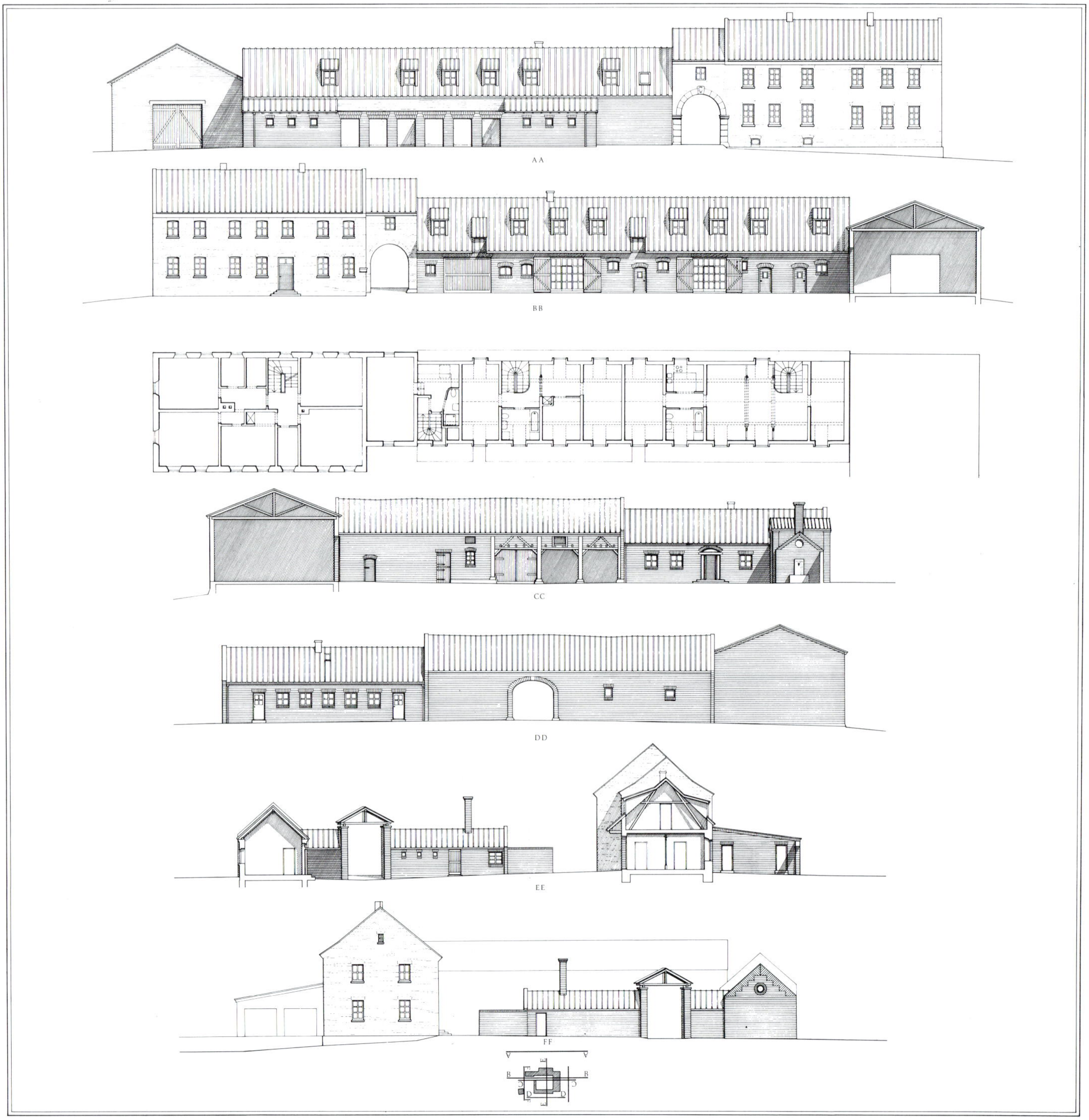

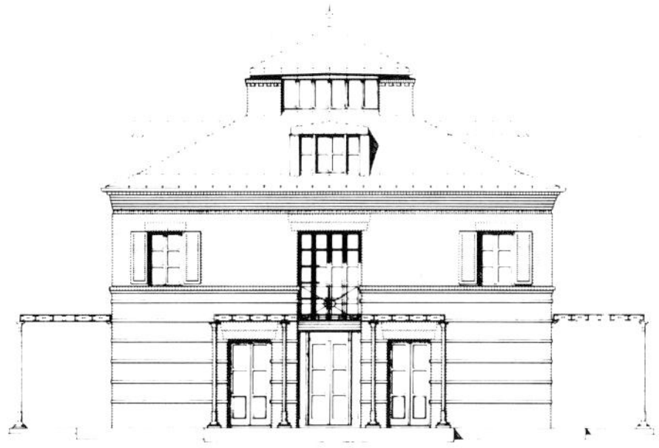

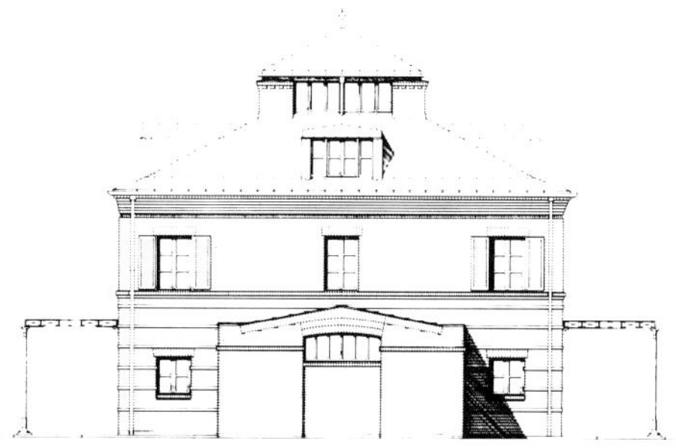

Die Lebendigkeit der Zeichnung vermittelt über die reine Abbildung der Fassade hinaus den baugeschichtlichen Geist, der dem Entwurf zugrundeliegt.

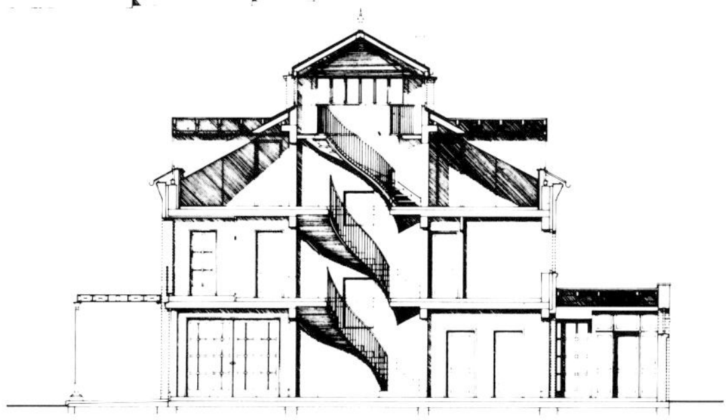

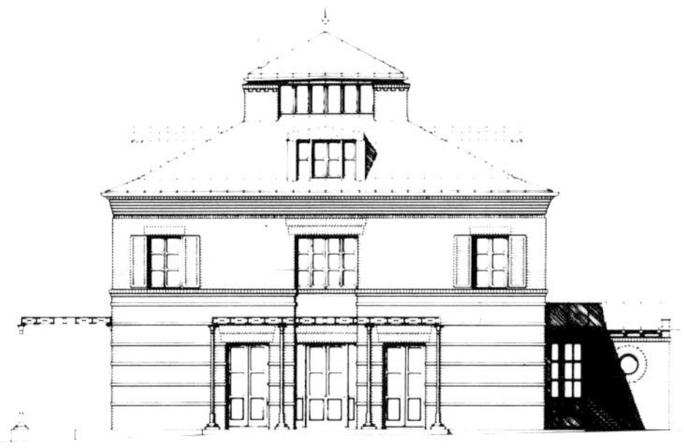

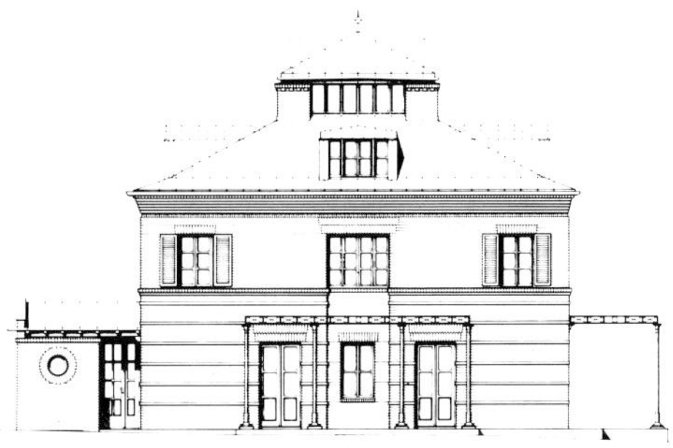

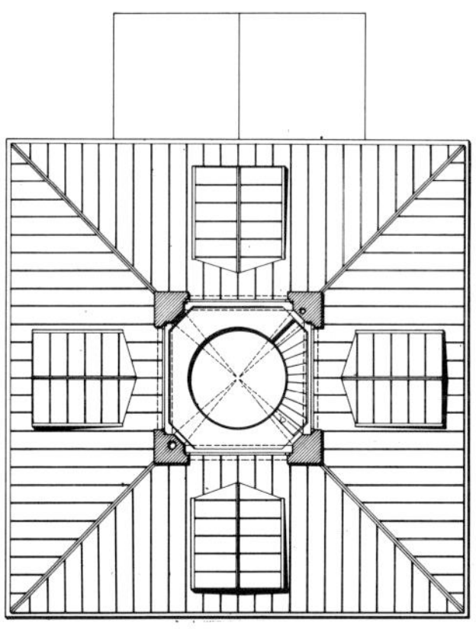

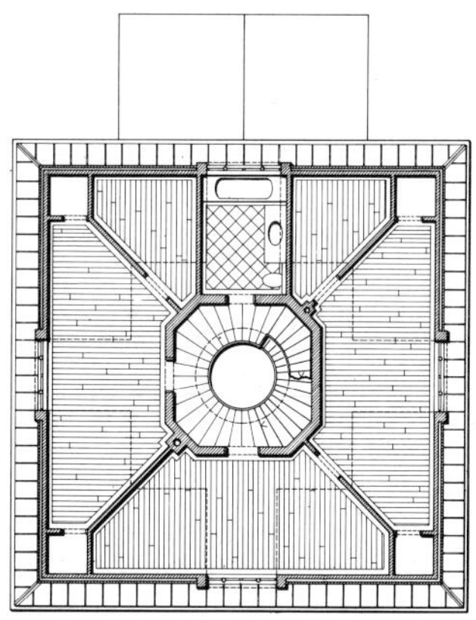

Die Grundrisse zeigen, daß sich Palladios Ansatz des Zentralbaus auch nutzen und bewohnen läßt. Das Raumkonzept macht klare Vorgaben für die Nutzung und gleichzeitig bietet die Vielzahl fast gleich geschnittener Räume eine Flexibilität, die viele Grundrisse auch in großzügigen Neubauten vermissen lassen.

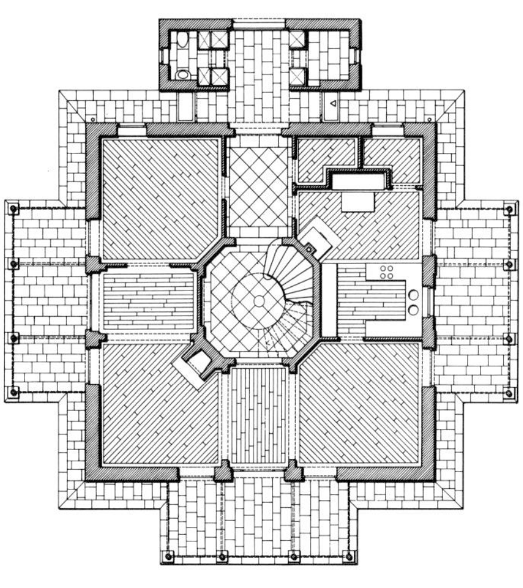

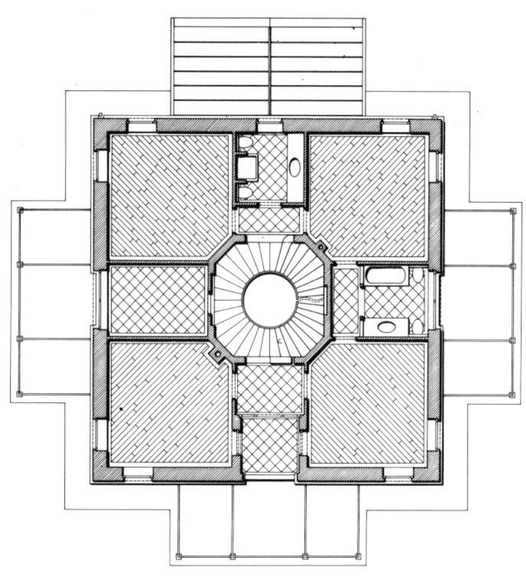

Architekt: Heinz Hirschhäuser, München

# Umnutzung und Renovierung eines aufgelassenen Gutshofes nach ökologischen Kriterien

Der im vorigen Jahrhundert erbaute Gutshof mit 90 Hektar Land in der Nähe von Ansbach wurde nicht mehr landwirtschaftlich betrieben und stand zum Verkauf. Eine sinnvolle neue Nutzung sollte die drei wichtigen Gebäude der Anlage berücksichtigen, das Wohnhaus, einen 40 Meter langen Fachwerkstadel mit Stallungen für Pferde, Schweine, Ziegen und Hühner und viel Raum unter dem Dach für das Futter sowie ein zweites Stallgebäude, das den Abschluß des U-förmigen Wirtschaftshofes bildet. Die unproportionierten weiteren Gebäude aus den fünfziger und sechziger Jahren sollen eines Tages auf angemessene Dimensionen zurückgebaut oder auch abgerissen werden – ihre Substanz hat keinen architektonischen Wert.
Vor Planungsbeginn war zu prüfen, ob der Umbau des verwahrlosten Wohngebäudes überhaupt noch lohnte. Die Prüfung fiel positiv aus, im Erdgeschoß waren zwei, im Obergeschoß ebenfalls zwei Wohnungen für landwirtschaftliche Mitarbeiter unterzubringen, die den Getreideanbau für die neue Nutzung der Hofanlage übernehmen sollen, einen Reiterhof mit angeschlossenem Gestüt.
Die schöne landschaftliche Lage des Anwesens erfährt einen zusätzlichen Reiz durch einen zum Weiher aufgestauten Bach, der wohl noch bis in die fünfziger Jahre im Tiefkeller des Hauses einen Dynamo zur Stromerzeugung angetrieben hat. Ob dieser Bach eine Mühle gespeist hat, konnte bisher nicht nachgewiesen werden, obwohl im Namen des Anwesens das Wort Mühle enthalten ist und auf eine solche frühere Nutzung schließen läßt.
Um die attraktive Hofsituation mit Blick auf den Teich zu nutzen, wurde der Grundriß so verändert, daß der Zugang zum Haus jetzt überdacht von der Hofseite erfolgt. Das Natursteinpflaster ist dort mit neuem Gefälle verlegt worden, da der Keller des Hauses zuvor immer wieder vollief und im Winter bei Schnee nicht mehr zugänglich war.
Der Ausbau des Hauses erfolgte konsequent mit ökologisch unbedenklichen Materialien, auf jede Form von ausdampfenden Kunststoffen oder Montageschäumen wurde verzichtet, die Holzfußböden wurden nur mit Heißwachs behandelt, die Fenster, Innen- und Außentüren mit Wasserlacken und das Mauerwerk innen und außen offenporig mit Mineralfarben gestrichen. Als Wärmedämmung für den späteren Dachausbau ist Schafwolle vorgesehen – zurück zu den Ursprüngen.
Umgebaut wurden etwa 375 Quadratmeter Wohnfläche zu einem Preis von je 2200 Mark inklusive der gesamten äußeren Sanierung des Hauses.

**Das Wohnhaus des Hofes vor dem Umbau – allein die Größe des »Rohbaus« war interessant, nicht die architektonische Substanz.**

Unter diesen Dächern ist wieder Leben eingezogen, das gesamte Grundstück ist gepflegt wie lange nicht mehr.

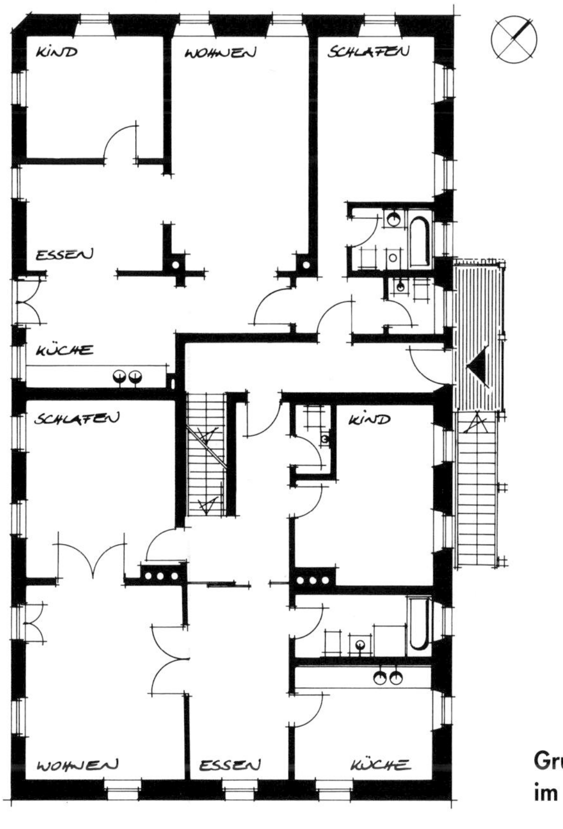


Grundriß Erdgeschoß im Maßstab 1:200

Die richtig dimensionierten Fenster mit der alten Sprossenteilung und die schützenden Klappläden setzen der einfachen Fassade wieder Glanzlichter auf.

Der Garagenneubau fügt sich
ganz selbstverständlich in
das Hofensemble ein, der ehe-
malige Löschteich schafft eine
besondere Wohnqualität.

Die Gebäudeanlage erinnert
tatsächlich an eine ehemalige
Mühle.

Architekt: Hermann Lauer, Obersteinbach

# Erhaltung hauslandschaftlicher Merkmale – Neues Leben für ein Bauernhaus vom »Isarwinkler Typ«

Zwei Jahre hatte das Haus schon leergestanden, und zwei weitere Winter hätten die Sanierung dieses prachtvollen Bauernhauses von 1731 vielleicht ganz unmöglich gemacht. Ein glücklicher Umstand für den neuen Eigentümer war, daß das stattliche Haus keine »Modernisierungsmaßnahmen« hatte ertragen müssen, es war in einem nicht sehr guten, aber doch originalen Zustand. Das Erdgeschoß des Hauses ist gemauert, verputzt und gekalkt, Ober- und Dachgeschoß sind in Blockbauweise erstellt worden und waren noch intakt. Ebenso – und das spricht für die handwerklich richtigen Konstruktionen und gekonnten Umgang mit den Materialien, vor allem mit Holz – die Fenster aus der Entstehungszeit, die schon über 250 Jahre ihren Dienst tun und nur aufgearbeitet werden mußten. Das untere Rahmenholz ist aus Eiche, die seitlichen Hölzer, von denen das Wasser gut ablaufen kann, aus Fichte; außerdem sorgte der überstehende Balkon für ausreichenden Schutz gegen Schlagregen und Ausbrennen. Im Inneren war der Zustand nicht mehr so gut. Über das Dach eingedrungenes Wasser hatte alle Decken und Deckenbalken sowie die Sparren zerstört, sie mußten erneuert werden. Der Grundriß des Hauses wurde bewußt erhalten, ebenso der des kleinen Zuhauses, das früher als Waschhaus und Obstdarre genutzt wurde. Im Haupthaus bildet heute das ehemalige Austragsstüberl die Küche und Speisekammer, und Stube, Schlafraum und alte Küche wurden zu einem größeren Raum zusammengelegt. Im Obergeschoß erhielten die Blockwände der drei Außenseiten wegen des schlechten Zustandes innen und zur Verbesserung des Wärmeschutzes eine starke Dämmung mit innenseitiger Holzschalung. Das Dachgeschoß bietet einen großen Raum mit zugehörigem Bad, das in die ehemalige Futterkammer eingebaut wurde.

In einem zweiten Bauabschnitt wurde die Tenne saniert. Das größte Problem war hier die Decke über dem Stall. Die Eisenträger waren durch das aggressive Stallklima im Querschnitt verringert oder sogar durchgerostet. Eine zusätzliche Gefährdung für die Stabilität stellte das flachgeneigte Pfettendach dar, das im Winter enorme Lasten zu tragen hat, da der Schnee nicht abrutschen kann. Der gesamte Dachstuhl mußte daher neu ausgesteift und tragkonstruktiv durch Fachwerkbinder ergänzt werden, die jetzt die Lasten auf die Außenwände ableiten, während die Eisenträger nur noch die eigentliche Deckenlast zu tragen haben. Als Brandschutzwand zum Wohntrakt dient eine neu gemauerte 24 Zentimeter starke Wand. Der Grundriß für eine separate Wohnung in der Tenne folgt den vorgegebenen Konstruktionen – ein großer, durch die Stützen unterteilter Raum mit eingestellter Küche, Arbeitsraum und Garderobe. Das Dachgeschoß birgt die Naßräume und Schlafzimmer. Deren Wände wurden zum Luftraum hin aus den zehn (!) Zentimeter starken und nachträglich gehobelten Bodenbrettern der Tenne konstruiert. Auch wenn die Nutzung und Funktionsarchitektur dieser Zeugen bäuerlicher Vergangenheit heute nicht mehr von Landwirten bestimmt werden, so muß es doch das Ziel sein, solche kostbaren und architektonisch besonders dekorativen Bauten durch eine sinnvolle neue Verwendung zu erhalten. Daß so etwas auch ganz unauffällig zu verwirklichen ist, zeigt dieses Haus beispielhaft.

**Der Zustand des Hauses etwa um 1900 – schon damals fast 200 Jahre alt, aber in gutem Zustand.**

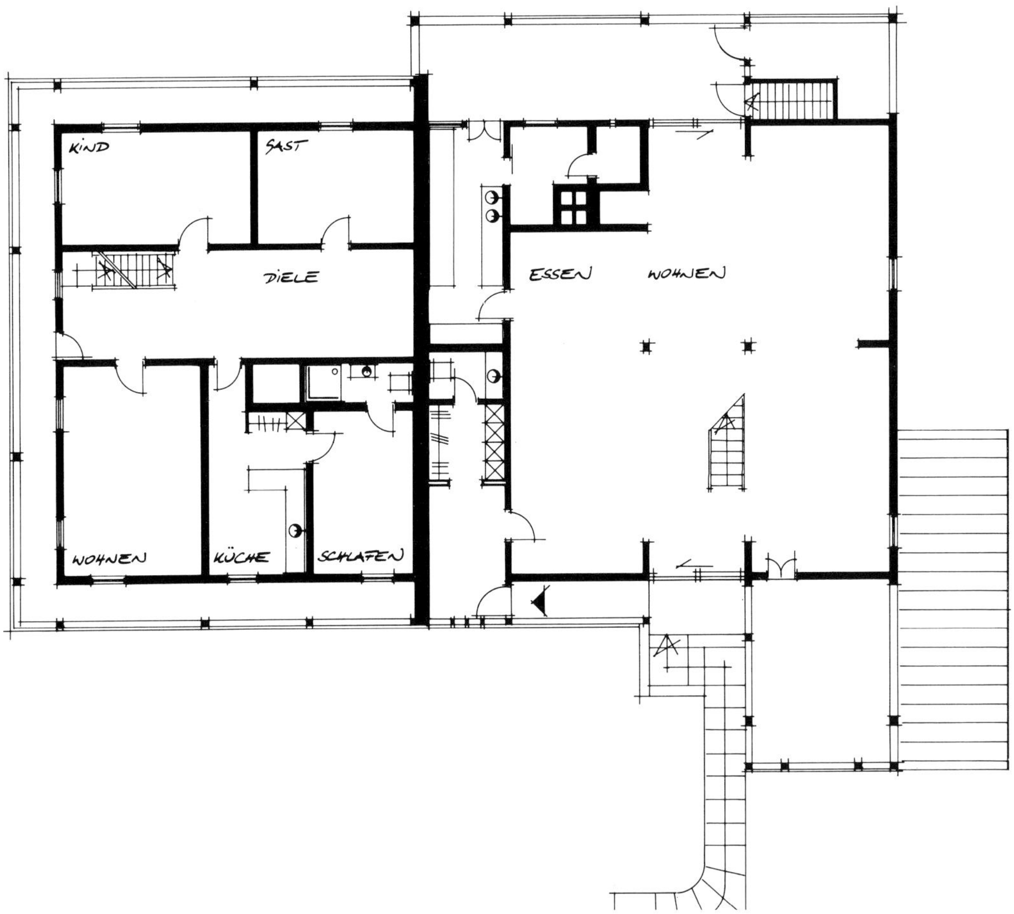


Grundriß Obergeschoß
im Maßstab 1:200

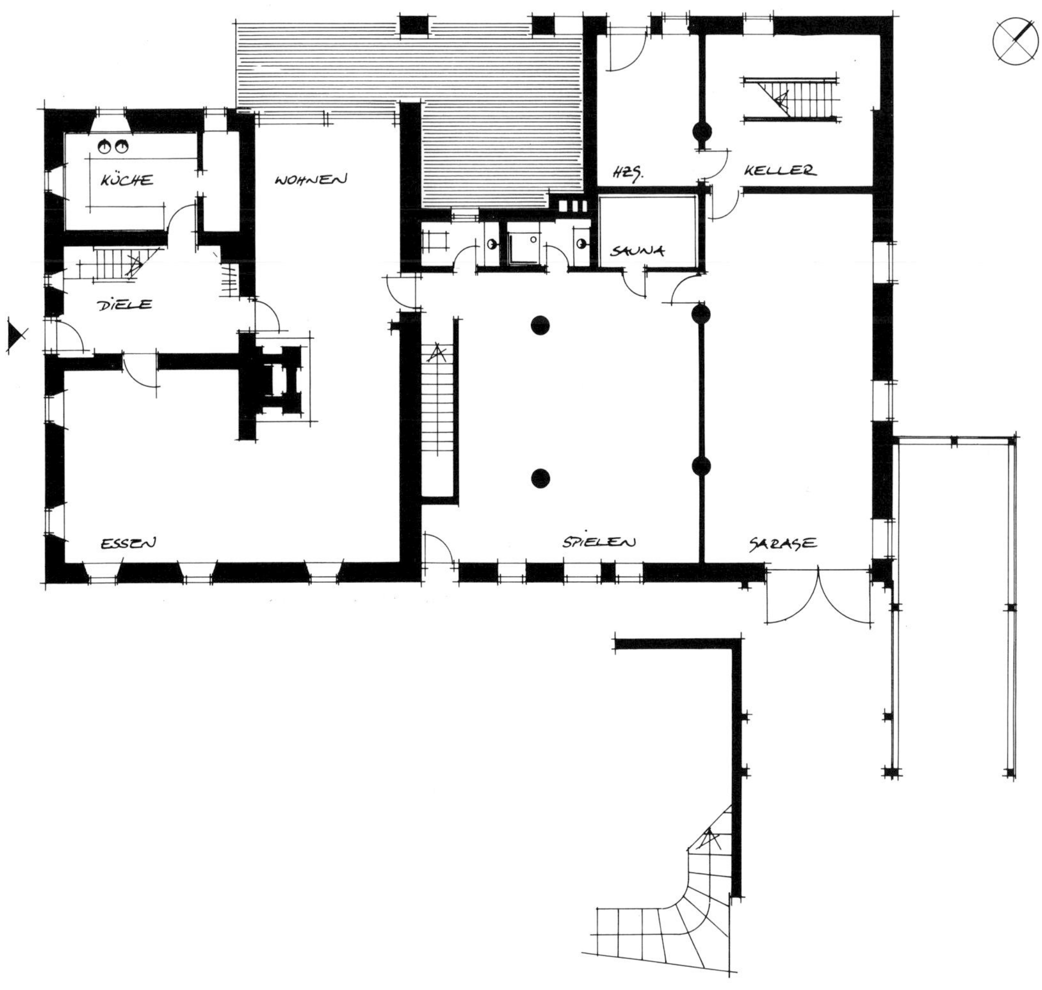


Grundriß Erdgeschoß
im Maßstab 1:200

Breit und ausladend trotzen Bauform und Fassadenverbretterung der Witterung.

Das ehemalige Backhaus konnte auch hier erhalten werden.

Der weite Dachüberstand schützt Sitzplatz und Fassade.

Im besten Sinne rustikale Gestaltungsmittel schaffen die zur ländlichen Region passende Atmosphäre.

Klar ablesbare, auf die Funktion beschränkte Fassadendetails bestimmen den Eindruck des majestätisch großen Hofes.

Zwei Blicke in die separate Wohnung des Obergeschosses mit dem Aufgang ins Dach.

Architekt: Guido Spütz, Berlin

# Ein Langzeitprojekt: Pflege von Architektur, Naturdenkmälern und Landschaftsschutz

Die ehemalige landwirtschaftliche Hofstelle liegt in der Niederung westlich der Elbe, dem Wendland. Sie wird umrahmt vom Naturpark Elbufer-Drawehn mit seiner seltenen Vogelwelt von Seeadlern, Kranichen und Störchen. In dieser Gegend gibt es die ungewöhnliche Siedlungsform der Runddörfer, Wehrdörfern ähnlich, die größtenteils in ihrer Gesamtheit unter Denkmalschutz stehen. Heute liegt dieser Landstrich im Ländereck Niedersachsen, Mecklenburg-Vorpommern, Sachsen-Anhalt und Brandenburg – bis zur Grenzöffnung »das Ende der Welt«, das keine Zukunft zu haben schien. Viele Häuser wurden damals aufgegeben, nicht einmal die Städter aus dem westlichen Umland wollten sie haben oder trauten es sich zu, Anwesen dieser Größe unterhalten zu können. So schien auch diese Hofanlage im Zuge des Niederganges der landwirtschaftlichen Strukturen im Wendland dem Verfall preisgegeben.

Das Hofensemble besteht aus zwei Vierständer-Fachwerkhäusern, die etwa 1740 (!) errichtet wurden, dem Vierständer-Wohnhaus von 1837 und den Backsteinstallungen, die um die Jahrhundertwende erbaut wurden.

Dem Architekten, der das Anwesen vor einigen Jahren erwarb, ging es weniger allein um den Umbau zu Wohnzwecken als vielmehr um die Erhaltung der gesamten Hofanlage in ihrem ursprünglichen Charakter sowie die Pflege der umliegenden Naturdenkmäler wie der 400 Jahre alten Eichen und der einmaligen Biotoplandschaft. Die Nutzung der Hofanlage dient in erster Linie der Erholung und den Ferienaufenthalten mit Freunden. Auch für den Ausbau der anderen Gebäude gibt es Nutzungsideen – sie reichen von Arbeitsaufenthalten mit Gästen bis zum gemeinschaftlichen Wohnen im Alter.

Etwas Besseres als ein solches Langzeitkonzept fernab von einer landwirtschaftlichen Nutzung, die hier keine Zukunft mehr hat, konnte dem Hof nicht passieren. Er erfüllt wieder eine Aufgabe, und der Bestand der einzelnen Häuser ist gesichert. Heute mutet dieses Engagement für Haus, Dorf und Landschaft fast selbstverständlich an. 1989 war das noch ganz anders.

Es ist immer ein Glücksfall, wenn Architekturdenkmale in einer fast aussichtslosen Situation doch noch einen Liebhaber finden, der sich ihrer annimmt.

**Die Ausgangssituation: Ein großer Hof mit vielen Nebengebäuden – eine Freude für das Auge, aber umbauen und unterhalten?**

Das Musikzimmer im Erdgeschoß des Haupthauses. Das üppige Flächenangebot fordert eine sparsame Möblierung geradezu heraus.

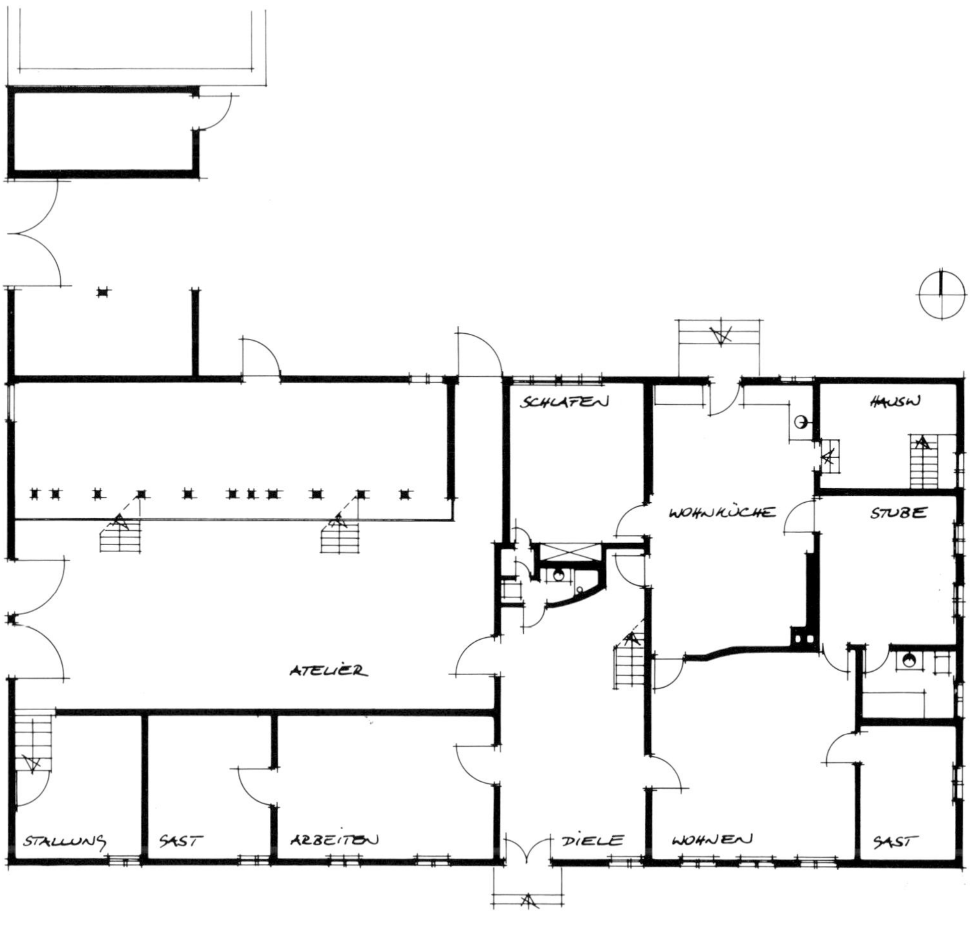


Erdgeschoßgrundriß des Haupthauses im Maßstab 1:200

Das mutige Vorgehen und das Engagement über viele Jahre haben sich gelohnt. Die Gebäude sind vor dem Verfall bewahrt, langsam kann jetzt der Ausbau erfolgen, die einzelnen Gebäude können mit neuem Leben erfüllt werden.

Die Eingangsfassade. Vor dem Hintergrund des Ziegels schaffen die weißen Holzeinfassungen der Fenster zusammen mit der Begrünung einen besonders freundlichen Eindruck des Hauses.
Die einheitliche Farbgebung einzelner Bauelemente faßt – wie eine Andeutung – das Hofensemble zusammen.

Architekten: Hartle und Partner, Hannover

# Umnutzung als städtebauliche Variante zum Neubau

Das Grundstück liegt im Mittelpunkt eines historischen Dorfkernes, der seine alte Attraktivität zurückerhalten soll – auch durch Menschen, die dort wieder wohnen. Dazu war es notwendig, diesen ansehnlichen alten Stall, der etwa 1920 erbaut wurde (Massivmauerwerk auf Sandsteingründung, Fachwerk im Obergeschoß), umzunutzen. Es wurden zwei Wohnungen daraus, im Erdgeschoß 62, im Ober- und Dachgeschoß 116 Quadratmeter. Bis auf den Westgiebel war die bauliche Substanz intakt, ebenso der Dachstuhl. Eine gute Gelegenheit, die Westfassade im Rahmen der Sanierung anders zu gestalten, die Nutzungsänderung architektonisch neu zu formulieren und auch die Farbgebung des Fachwerks zu überdenken. Recherchen der Architekten ergaben, daß letzteres im Ortsbild früher häufig ein Mittel der Gestaltung war – sie haben diese Tradition wieder belebt. Ein Großteil des Innenausbaus und der Außenanlagen wurde in Eigenleistung erbracht – so konnten die Baukosten je Quadratmeter neu geschaffener Wohnfläche sehr gering gehalten werden. Ein ebenso preisgünstig erstellter Stallneubau, der alte Baumethoden wieder aufleben läßt wie die unbehandelte Schindelung als Fassadenschutz, schafft einen den veränderten Ansprüchen angepaßten Ersatz für eine Scheune, die dem neuen Dorfgestaltungskonzept weichen mußte. Das Engagement für die ehemals rein landwirtschaftlich genutzten Gebäude hat sich gelohnt, bauliche Zeugen einer vergangenen Epoche konnten überzeugend mit neuem Leben erfüllt werden – und das Dorf hat wieder ein beseeltes Zentrum.

**Der offene Unterschlag bietet Nützlingen den willkommenen Zugang, größere Tiere, wie Marder, die im Haus nicht gern gesehen sind, müssen draußen bleiben.**

**Die Form des Neubaus lehnt sich an die landschaftstypische Architektur an, die Holzverschindelung ruft diese ins Bewußtsein zurück.**

Zusätzliche Fensteröffnungen schaffen die notwendige Belichtung im Obergeschoß, ohne die der Stall nicht zu Wohnzwecken hätte ausgebaut werden können.

Ein altes Haus überzeugt in seinem Bestand nur, wenn es eine wirkliche Funktion erfüllt; zudem mit gekonnt eingesetzten Mitteln und ernsthafter Recherche über verloren geglaubte, landschaftstypische Bauelemente.

Der einfache, aber für das Ortsbild wichtige Nutzbau vor der Renovierung.

Grundriß Erdgeschoß
im Maßstab 1:200

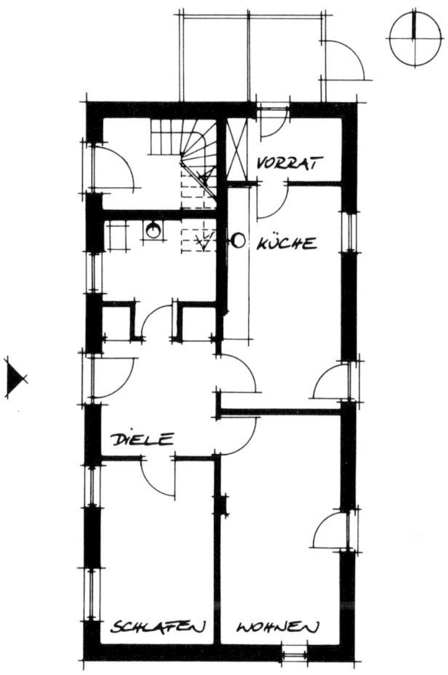


Grundriß Obergeschoß
im Maßstab 1:200

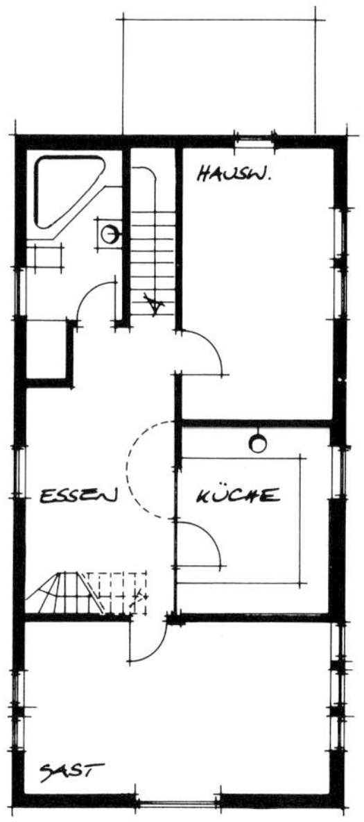

Architekt: H.-E. Prahl, Otterndorf

# Erhalten durch Nutzen – Umbau eines Stallgebäudes zur Gästewohnung

Zum Bauernhof gehört ein Stall. Und wenn der nicht mehr benötigt wird, läßt man ihn ungenutzt stehen, bis er zusammenfällt. Das ist auf norddeutschen Höfen leider immer wieder zu beobachten. Bauern sehen nicht immer den optischen Reiz der Nutzgebäude. Erst der städtische Betrachter würdigt die Architektur und setzt sich für ihre Erhaltung ein. Gut, daß es beide Welten nebeneinander gibt, beiden gebührt Verständnis.
Für den vom Einsturz gefährdeten Stall gab es nur eine Lösung: Sollte er zu Wohnzwecken genutzt werden, dann war eine Totalsanierung fällig. Das Haupthaus war in einer ersten Baustufe ebenfalls von einem Städter saniert worden. Das ist zwar kostspielig, jedoch immer noch preiswerter als ein vergleichbarer Neubau, bietet aber wesentlich mehr Wohnqualität, und einer Genehmigung steht selten etwas im Wege. Im Gegenteil, Denkmalpfleger sind froh, wenn sich die neuen Eigentümer für die alten Gebäude auf ihren Höfen engagieren. Besonders bei einem so selbstverständlichen Zusammenspiel von Haupthaus und Stall wie bei diesem Objekt, das in seiner architektonischen Gesamtwirkung und den Proportionen der aufeinander abgestimmten Gebäude lebt – einer Architektur ohne Architekt. Den zog man bei einer so traditionellen Bauaufgabe, die den Handwerkern überlassen wurde, damals noch nicht zu Rate.

Auf zwei Ebenen sind nach umfangreichen Sanierungsmaßnahmen fast 85 Quadratmeter Wohnfläche entstanden. Alle Gefache des Stalles mußten aus dem Ständerwerk entfernt und dieses auf einem Beton-Streifenfundament neu gerichtet werden, wobei das intakte Dach erhalten werden konnte. Eine neue innere Gasbetonschale sorgt vor den Außenwänden für die nötige Wärmedämmung, die Innenwände wurden gemauert, im Dachgeschoß entstanden zur Lastminimierung Gipskartonwände. Eine neue, geschweifte Fledermausgaube und kleine Eulenaugen, das sind die Fenster unter dem First, sorgen für die nötige Helligkeit der Schlafebene im Dachgeschoß. Sie stellen einen geringfügigen Eingriff in die Substanz dar – ein Kompromiß an die neue Nutzung, ohne die der Stall nicht adäquat zu bewohnen gewesen wäre.
Auf dem Lande sagt man, daß zugereiste Städter erst in der dritten Generation als Einheimische akzeptiert werden. Und wer sich für den Erhalt der alten Bauernhäuser stark einsetzt, dem wird es zu Beginn der Baumaßnahmen oft besonders schwer gemacht. Kopfschütteln, neugierig-abschätzende Blicke und auch so manches entmutigende Wort können einem die Freude am Bauen schon einmal verderben. Aber wer das alles durchsteht und nicht gleich aufgibt, der wird am Ende doch mit Anerkennung belohnt.

**Eine qualitätvolle architektonische Anlage, deren Bautyp einst eine ganze Landschaft geprägt hat.**

**Grundriß Erdgeschoß im Maßstab 1:200**

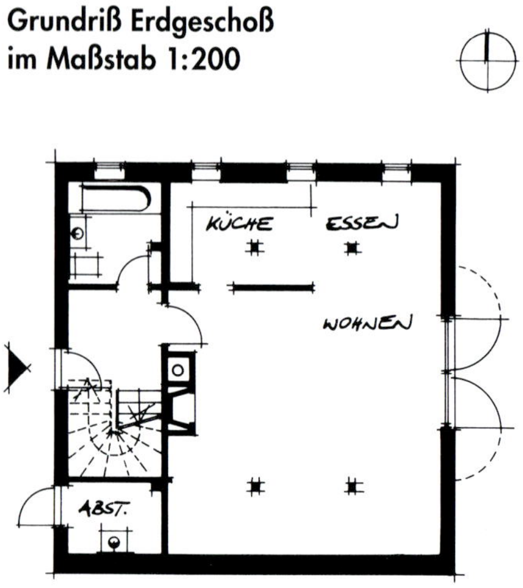


**Grundriß Dachgeschoß im Maßstab 1:200**

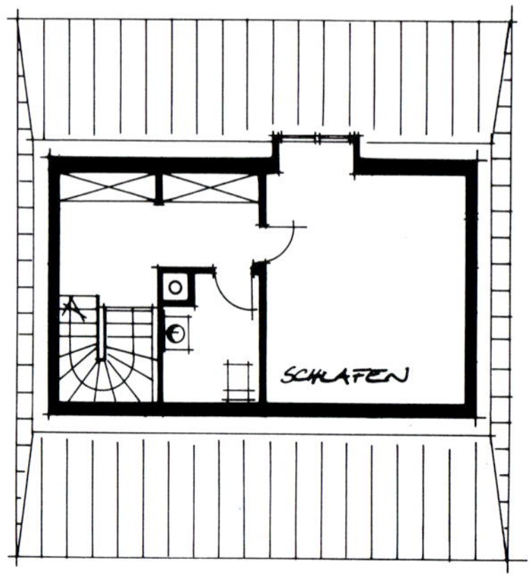

Großflächige Glastüren lösen das Problem der Belichtung im Erdgeschoß. Dabei wurden die alten Scheunentore erhalten – eine bessere Lösung als die vielfach gescheiterten Versuche, die große Türöffnung mit einem Fensterelement zu schließen.

Rechts: Der ausgebaute Stall hat als Wohnraum mit abgeteiltem Bad gerade die richtige Größe für ein Gästeappartement. Der Schlafraum mit einem weiteren kleinen Bad liegt unter dem Dach.

Architekt: Hermann Eisenköck, Graz

# Detailgerechte Rekonstruktion und zeitgenössische Neubauformen: Ein architektonisches Zwiegespräch

Die bauhistorischen Eckdaten dieses bäuerlichen Anwesens stehen für viele vergleichbare Höfe in den Bergen: Das Bauernhaus mit Stall- und Nebengebäude wird für seinen eigentlichen Bestimmungszweck, den landwirtschaftlichen Betrieb, nicht mehr gebraucht, die Häuser werden irgendwann aufgegeben, weil die jüngere Generation das Berufsleben in der Stadt vorzieht. Es bleibt oft nur der Verkauf des Anwesens an Interessenten, die sich die häufig einmalige Bausubstanz mit unterschiedlichen Haustypen und vor allem die Grundstückssituation zunutze machen wollen: Meist einsam gelegen, und doch über ein funktionierendes Straßen- oder Wegenetz an die »Zivilisation« angeschlossen, besticht die ruhige Lage, der Blick in das Tal, die umliegenden Wälder – eben all das, was der Städter als gleichsam paradiesische Situation für seinen Alters- oder Feriensitz ersehnt. So war es auch hier. Das 300 Jahre alte Gehöft – Bauernhaus, Stall und Nebengebäude – sollte für eine Drei-Generationen-Familie zu einem Zweit- und Ferienwohnsitz ausgebaut werden. Die baurechtlichen Rahmenbedingungen waren eng. Das Gebiet steht unter Natur- und Landschaftsschutz, Neubauten werden in dieser Bergregion in 900 Metern Höhe im Salzburger Tennengebirge nicht mehr genehmigt, mit dem Altbestand muß konservatorisch anspruchsvoll umgegangen werden, soll eine Umnutzung überhaupt genehmigt werden. Eine gute Entscheidung, um der Zersiedelung intakter Naturflächen vorzubeugen, auf der anderen Seite aber auch eine durchaus zweifelhafte Haltung, die davon ausgeht, daß moderne Architektur an sich nicht in die Landschaft paßt. Daß ein solcher Dialog zeitgenössischer Architektur und reizvoller Natur nur selten überzeugend gelingt, mag stimmen, sollte aber nicht generell zu Bauverboten oder unzumutbaren Einschränkungen führen – nur weil der Ausgang ungewiß ist. Leben ist nun einmal auch Wagnis, ebenso die Architekturentwicklung.

So zeigt dieses Projekt den notwendig lebendigen Ansatz, historische Bausubstanz und zeitgemäße Architekturelemente zu verbinden. Das Ergebnis ist ein überzeugendes Beispiel für den Landschaftsschutz, zu dem auch die unmittelbar vom Brauchtum geprägte Architektur gehört – hier das drei Jahrhunderte alte Bauernhaus, eine Mauerwerks-Holzkonstruktion, und der zugehörige Stall als Blockbau. Das Nebengebäude aus den dreißiger Jahren dieses Jahrhunderts hatte keinen bauhistorischen Wert, es konnte auf den vorhandenen Außenmauern in Grenzen formal umgestaltet werden. Dem Wert der architektonischen Substanz folgend, wurden die Sanierung und der Umbau des Gesamtensembles vorgenommen: Eine material-, form- und detailgerechte Rekonstruktion der wertvollen historischen Substanz an Wohn- und Stallgebäude und eine architektonische Neuformulierung des bauhistorisch wertlosen Nutzbaues, der in seiner spannungsreichen Architektur jetzt landschaftstypische Elemente – Baukörperform, Materialien wie Putzfassade und Holzschalung, Dachdeckung und -ausbildung – als Zugeständnis an die bauliche Harmonie macht, gleichzeitig aber mit neuen Elementen, wie den Fensterformen und Fensterteilungen und ihrem disparaten Sitz in der Fassade auf eine heutige Bewohnergeneration mit eigenen Architekturvorstellungen und eine Gebäudenutzung verweist, die eben nicht mehr von landwirtschaftlichem Tun geprägt ist. Es überzeugt, wenn Architektur und Natur nach der Baumaßnahme wieder in einem harmonischen Einvernehmen stehen – gerade in der Bergwelt, die sowohl unsere Sehnsüchte nach Einsamkeit und Großartigkeit der Natur erfüllt, gleichzeitig aber auch die landschaftstypische Architektur als Sinnbild des Nicht-Verlassenseins braucht: Architektur als romantische Metapher. (Aus ursprünglich 250 wurden nach dem Umbau der drei Häuser 450 Quadratmeter Wohnfläche zu Baukosten von etwa 2400 Mark je Quadratmeter).

**Lageplan der Hofanlage mit Haupthaus, Stall und Studierhaus im Maßstab 1:500.**

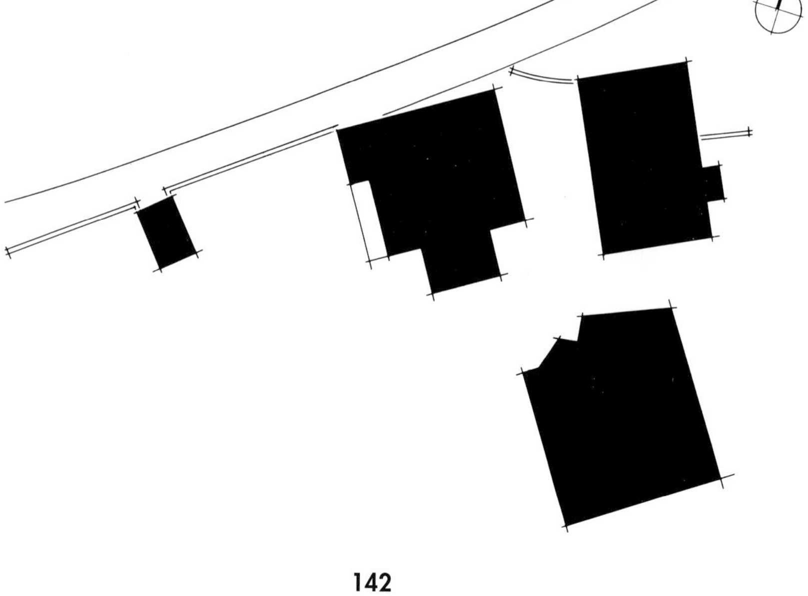

Der alte Blockbau, der einmal den Stall beherbergt hatte, vor dem Umbau.

In idealer Weise ergänzen sich hier neue und alte traditionelle Architekturelemente.

Blick vom Haupthaus auf den restaurierten Blockbau.

Die vielfältige Art der Holzverbindungen, Profile, Maserungen, Farbtöne und die funktionalen Details des konstruktiven Holzschutzes sind eine Freude für das Auge.

Es ist immer wieder die Grundstückslage, die bei diesen alten Höfen besticht – und fast jeden Umbau-(Aufwand) rechtfertigt.

Architekt: Kurt Werner, Weihmichl

# Neues Nutzungs- und Architekturkonzept für eine bayrische Hofstelle

Auch dieses bäuerliche Anwesen von etwa 1800 in der Gemeinde Kröning wurde nicht mehr landwirtschaftlich genutzt, stand aber unter Denkmalschutz und war so vor dem Abriß relativ sicher. Das neue Nutzungskonzept als Wohnhaus mit Tierarztpraxis mußte denkmalgerecht in die vorhandene bauliche Struktur eingefügt werden. Da es keine aussagefähigen Planunterlagen gab, stand am Anfang der Planung eine exakte maßliche und technische Bestandserfassung, notwendige Grundlage jeder sorgfältigen Umnutzungsplanung. Im ersten Bauabschnitt wurde das Wohnhaus, im zweiten der Stall für die Praxis und eine Einliegerwohnung umgebaut. Wesentlicher Ansatz des Entwurfskonzeptes für das Wohnhaus war eine Verzahnung der architektonisch interessanten, aber in der Gebäudemitte gelegenen Gewölberäume (Fletz und Kammer) mit den Zimmern im Erdgeschoß. Diese Verbindungsfunktion übernimmt jetzt der Fletz als Diele und in der Verlängerung die Küche mit separatem Hauswirtschaftsraum, über die auch der Zugang zur Westterrasse erfolgt. Zur besseren Belichtung wurde hier die Wand über die ganze Raumbreite geöffnet: Das Haus wird in seiner ganzen Tiefe erlebbar. Die ehemalige Küche ist heute Eßraum, eine durchgebrochene Türöffnung verbindet diesen mit der jetzigen Küche. Auch die Treppen wurden verändert, der Kellerabgang erfolgt von der Speisekammer, die schmale Treppe ins Obergeschoß zu den Schlafräumen wurde durch eine neue mit besser begehbaren Auftritten ersetzt. Im Schlafgeschoß ist die Grundrißeinteilung erhalten, um die alte Blockbaukonstruktion nicht anzugreifen.
In einem zweiten Bauabschnitt wurde der Stallteil saniert. Hier galt es, zuerst das einsturzgefährdete böhmische Gewölbe zu sichern und eine Lösung zu finden, die die Gewölbeflächen auch in der neuen Nutzung mit unterteilten Räumen erlebbar werden läßt: Die tragenden Granitsäulen wurden freigestellt und die Wände in ihrer Höhe auf 1,80 Meter begrenzt, die verbleibende Fläche bis zum Gewölbe ist verglast und gibt den Blick frei auf die Kappen.
Der Umfang der zu leistenden Sanierungsmaßnahmen war erheblich: Die massiven Ziegelwände mußten trockengelegt und mit einer horizontalen Feuchtigkeitssperre versehen werden, eine neue Ringdrainage sammelt das anfallende Oberflächenwasser und leitet es in die Kanalisation. Die verrotteten Bodenbeläge mußten entfernt und durch neue, den Nutzungen der Räume angepaßte Beläge und Konstruktionen mit Feuchtigkeitssperren und Dämmung ersetzt werden. Diele, Küche, Speis, WC und Praxisräume erhielten Solnhofener Platten, alle anderen Räume Holzdielen. Um störende Heizkörper zu vermeiden – sie hatte es ja um 1800 auch nicht gegeben –, erwärmt eine verputzte Wandflächenheizung die Räume. Im Obergeschoß waren die verwitterten Blockwände zu sanieren, sie erhielten im gefährdeten Bereich eine neue Deckleistenschalung, die verbliebenen Flächen zeigen das Bundwerk. Die neuen Fenster sitzen wieder originalgetreu bündig in der Wand, zur besseren Winddichtigkeit schlagen sie nach außen auf. Sie wurden als Kastenfenster in Kiefernholz gefertigt und unbehandelt gelassen, neue Öffnungen in Küche und Praxis erhielten thermisch getrennte Stahlfenster mit Eisenglimmeranstrich. Der Umbau erbrachte eine Wohnflächenerweiterung

**Auch hier half ein untypisches Nutzungskonzept, den großen Hof zu retten.**

**Grundriß Erdgeschoß im Maßstab 1:250**

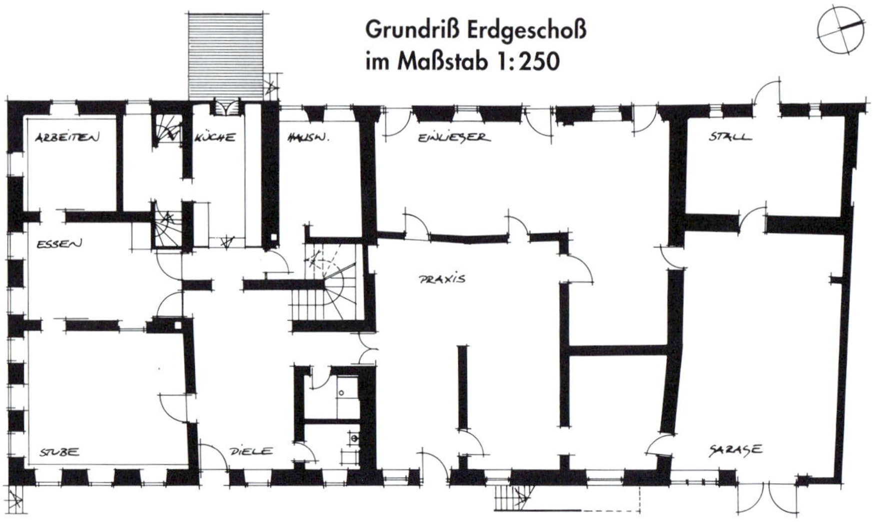

**Das Anwesen aus der Luft, zu einer Zeit aufgenommen, als man es noch als Vorteil betrachtete, wenn die Straße über das eigene Grundstück verlief.**

**Die restaurierte Stube im Erdgeschoß mit ungewöhnlich großzügiger Belichtung.**

von 250 auf 280 Quadratmeter, zuzüglich 120 Quadratmeter für die Praxis im ehemaligen Stall. Daß es auch wirtschaftlich Sinn macht, ein altes Haus zu erhalten, zeigen die aufgewendeten Kosten: 720 Mark je Quadratmeter Wohnfläche, 1170 Mark für den Praxisteil. Die Eigenleistungen der Bauherren lagen bei etwa 30 000 Mark in Form von Maurer-, Fliesen-, Zimmerer- und Malerarbeiten. Dank des überzeugenden Nutzungs- und Raumkonzeptes und einer beispielhaften Sanierung konnte ein gutes Stück bayrischer Architektur erhalten werden.

**Auch bei diesem Haus wurde der Fletz zur Eingangsdiele umfunktioniert und beeindruckt als Entree durch sein schönes Gewölbe.**
**Die Schäden am Gebäude waren durch die langjährige Tierhaltung erheblich – aber reparierbar.**

Architekten: Hild & Kaltwasser, München

# Nachahmenswert: Umbau eines Bauernhofes in der Stadt zu vierzehn Wohnungen

**Das Kapital der alten Bauernhäuser ist stets ihr Volumen, das sich für viele neue Nutzungen variantenreich umbauen läßt.**

Bauernhäuser in der Stadt – ein Widerspruch für jeden, der die ländliche Idylle sucht, aber deshalb kein Grund, ein Gebäude, das so lange das Stadtbild von Kempten mitgeprägt hat, einfach abzureißen. Die große Baumasse dieses Hofes stammt aus dem vorigen Jahrhundert, 1880 wurde er errichtet und landwirtschaftlich genutzt, mit einem Wohn- und einem angrenzenden Stalltrakt. Der Wohntrakt konnte mit wenigen baulichen Eingriffen erhalten werden, während der Stall, 1960 schon einmal provisorisch verändert, abgebrochen werden mußte. An seiner Stelle und in gleichem Volumen entstand ein Neubau mit vier Zwei-Zimmer-Wohnungen, die direkt im Erdgeschoß von außen ihren Zugang haben, und vier Vier-Zimmer-Wohnungen als Maisonetten. Diese werden über einen Laubengang auf der Nordseite erschlossen. Da das Volumen des alten Stallgebäudes eine sehr große Tiefe hatte, die sich im Wohnungsbau nicht gut nutzen läßt, wurden die oberen Maisonettewohnungen auf den Längsseiten hinter die ursprüngliche Wand zurückverlegt. Der entstandene Raum zwischen alter und neuer Fassade wird auf der Nordseite als Laubengang, auf der Südseite als zweigeschossige Loggia genutzt. Als Konstruktion für den Neubautrakt wählten die Architekten den Ziegelschottenbau, der in Teilbereichen mit Holzrahmen ausgefacht wurde. Loggien und Laubengang sind mit einfachen Kaminkehrer-Ausstiegsfenstern von oben belichtet. Die Gitter aus Rippenstreckmetall deuten die Ebene der früheren Fassade an. Handelsübliche Scheunentore auf der Südseite dienen als Schiebeläden.

Die Architekten haben mit einfachen Mitteln und Materialien aus der landwirtschaftlichen Abteilung des örtlichen Baumarktes ein Zeichen gesetzt, wie aus der Überlagerung des landwirtschaftlichen Ursprungs und der heutigen Wohnnutzung etwas Neues entstehen kann, das beiden Bedeutungen gerecht wird. Mit einer eingebauten Wohnfläche von 1000 Quadratmetern zu je 2100 Mark ist das Experiment gelungen. Nachahmenswert! Man muß die Artikel aus dem Baumarkt nur zu nutzen wissen.

Links: Der Fassadenausschnitt läßt als feine Andeutung die neu eingefügte Schottenbauweise für die Wohnungen erkennen, ohne den Charakter des Gebäudes zu verfälschen.

Der entsprechende Obergeschoßgrundriß im Maßstab 1:200

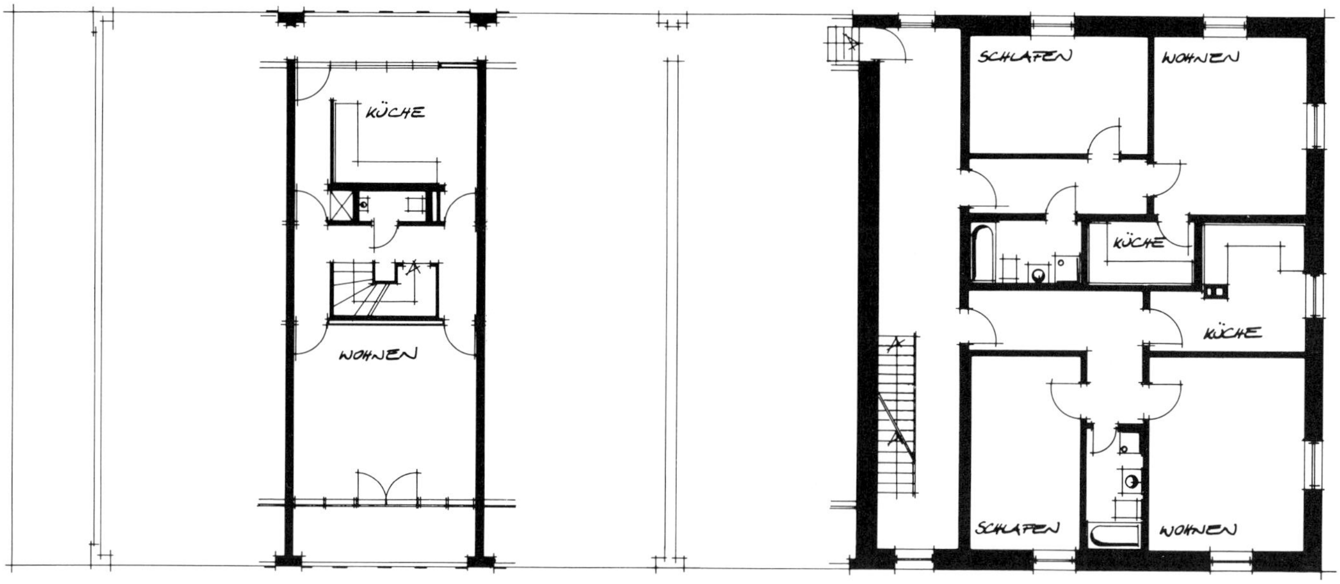


Grundrißausschnitt des Erdgeschosses, der das Konstruktionsprinzip der einzelnen Wohnungen, die über zwei Ebenen reichen, zeigt. Maßstab 1:200.

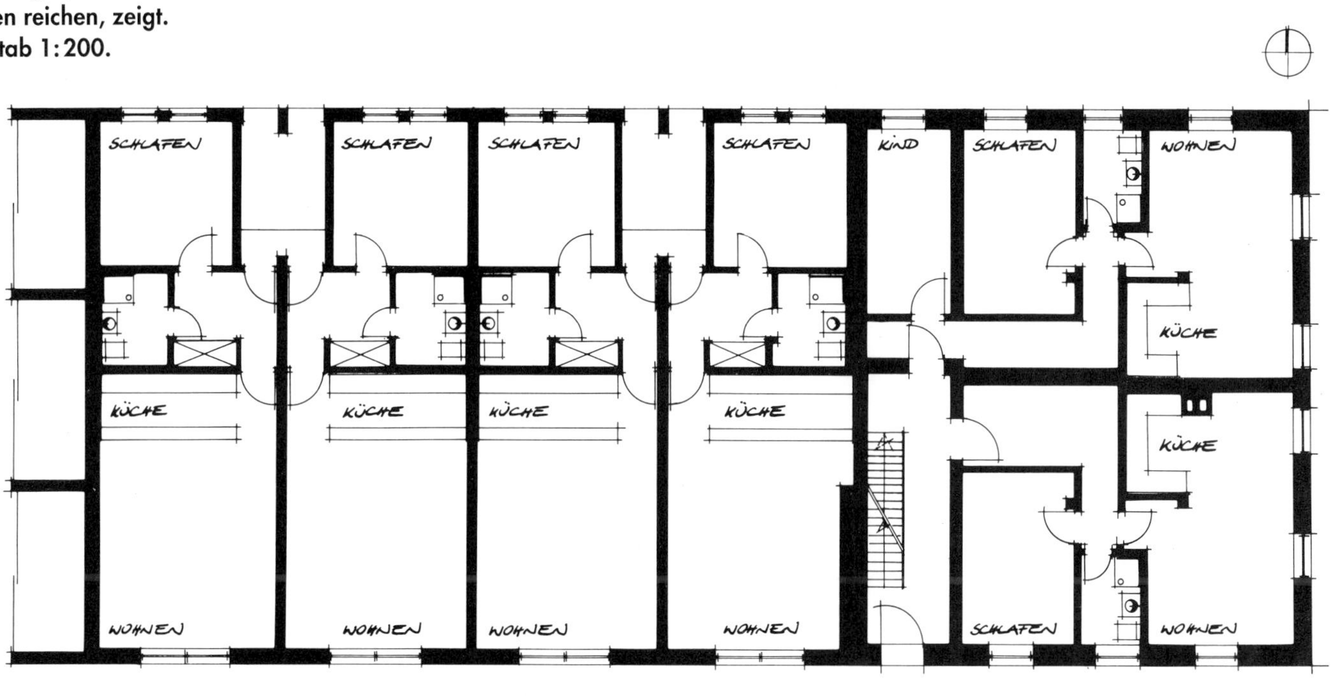

Die Fassade wurde zur Erschließung der Wohnungen um Laubengangbreite zurückversetzt, ohne den charakteristischen Baukörper zu verändern.

Neues internes Treppenhaus zur Erschließung im alten Wohntrakt des Hauses.

Ungewöhnliche Rettungs-
aktion für ein ungewöhnliches
Haus.

Bauen mit einfachen Mitteln
muß nicht heißen, daß simpel,
grob und lieblos gebaut wird.
Dieses Projekt beweist es ganz
vorbildlich.

# Scheunen und Ställe

Haus und Garten in neuer Harmonie. Siehe Projekt auf Seite 161.

Architekt: Prof. Nikolaus Kränzle, Karlsruhe

# Überzeugendes Architekturkonzept für eine kleine Hofanlage

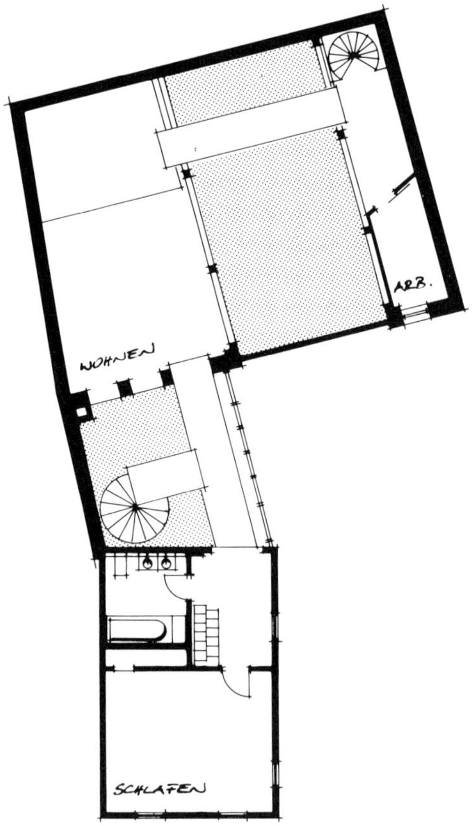


**Grundriß Obergeschoß im Maßstab 1:200**

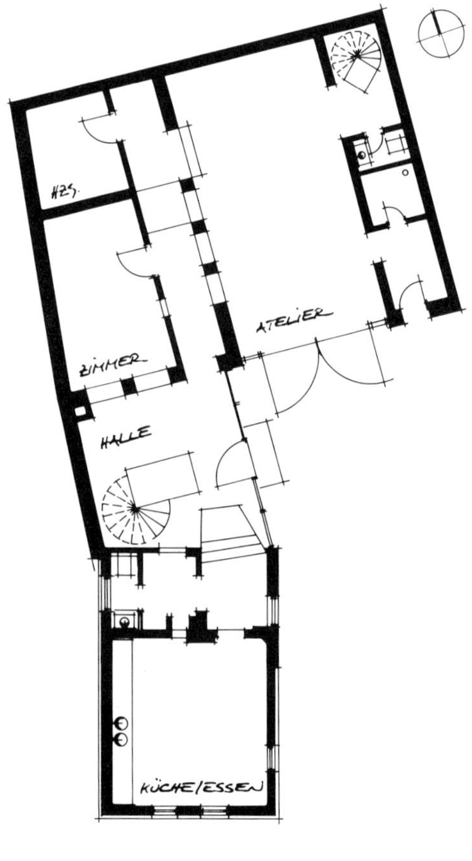


**Grundriß Erdgeschoß im Maßstab 1:200**

Die kleine Hofanlage mit nur 200 Quadratmetern Grundstücksfläche liegt in der Ortsmitte einer Gemeinde im Einzugsbereich Frankfurts. Der Architekt fand bei Planungsbeginn folgenden Bestand vor: Ein bewohntes giebelständiges Fachwerkhaus aus dem 16., 17. Jahrhundert, eine ungenutzte traufenständige Scheune aus der Jahrhundertwende und eine Hofüberbauung aus einer geringwertigen Fachwerkkonstruktion. Nach einer eingehenden Beurteilung werden mit dem Bauherrn mehrere inhaltliche und finanzielle Planungsvarianten diskutiert. Am Ende fällt die Entscheidung zugunsten der umfangreichen, aber auch interessantesten Variante. Der Grundriß wird gründlich aufgeräumt und geordnet, einzelne Wände und die untaugliche Treppe werden entfernt, Durchbrüche, neue Wände, Unterzüge und Stützen eingeplant. Eine entscheidende Verbesserung der beengten Hofsituation schafft der Abbruch der Fachwerküberbauung. An dieser Stelle wird ein Glashaus über zwei Geschosse errichtet. So erhalten das Vorderhaus und auch die rückwärtige Scheune, die als Atelier genutzt werden soll, eine zusätzliche natürliche Belichtung. Darüber hinaus schafft der gläserne Bau großzügige Achsen und Blickverbindungen zwischen den Häusern und Sichtbezüge in den Hof. Trotz der massiven Eingriffe in die alte Substanz bleiben Kubatur und Konturen der Gebäude erhalten, die Grundordnung der ursprünglichen Hofsituation wird wieder ablesbar.

Das Fachwerk-Wohnhaus war bereits im Rahmen der Dorferneuerung außen restauriert worden. Der baufällige Dachstuhl aber mußte im Zuge des Umbaus ersetzt werden. Bei der Gelegenheit wurden auch die Betonsteine wieder gegen ortstypische Biberschwänze aus Ton ausgetauscht.

Im Inneren war der Zustand ähnlich desolat. Alle unpassenden Holzverkleidungen, Ausschäumungen, Teppichböden und Kunststoffplatten wurden entfernt und durch natürliche Baustoffe ersetzt, die Wände mit Holzwolle-Leichtbauplatten zusätzlich gedämmt. Sie erhielten einen einfachen Kalkputz mit Mineralfarbanstrich. Das Erdgeschoß bekam einen neuen Bodenbelag aus Muschelkalkplatten, das Ober- und Dachgeschoß Multiplexplatten auf den freigelegten Deckenbal-

Isometrie des Obergeschosses, die die Anlage der Galerien verdeutlicht.

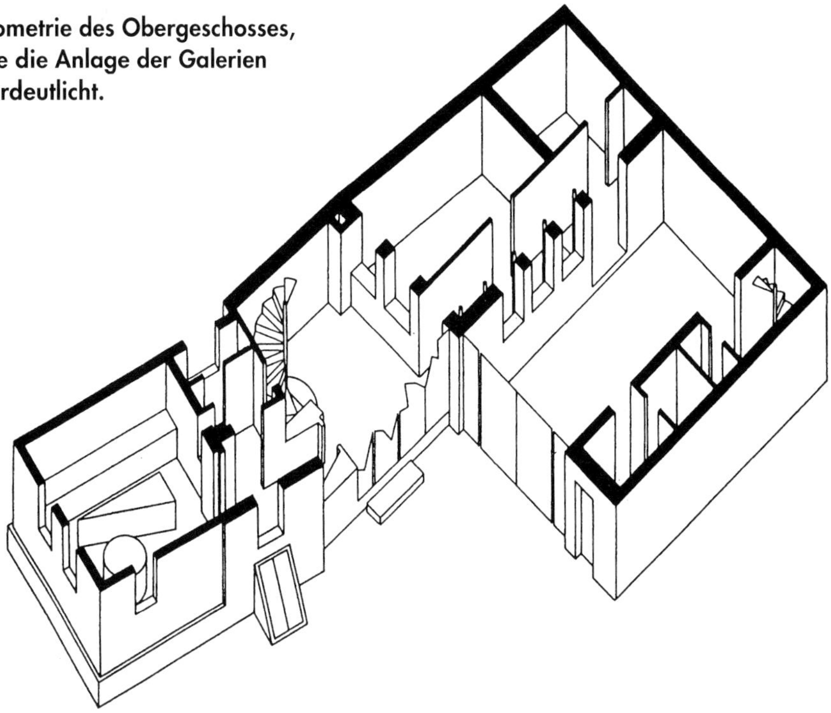

ken. Auch im Scheunengebäude mußte der gesamte Dachstuhl erneuert werden, ebenso die Eindeckung. Im Inneren der Scheune wurden die Tragstruktur freigelegt und seitlich zwei Galerien eingezogen, die über eine Stahlbrücke verbunden sind. In den Luftraum können nachträglich noch weitere Ebenen eingezogen werden. Das Ziegel- und Bruchsteinmauerwerk wurde wegen seiner formalen Qualität mit viel Aufwand restauriert, in Teilbereichen aufgebrachte Putzspiegel schaffen einen neutralen Hintergrund für Bilder und verbessern die Reflexion des Lichtes. Grauer Naturstein und Holz bedecken die Böden. Alle Stahlteile erhielten einen grauen Anstrich mit Eisenglimmer.

Das den ursprünglich massiven Mittelteil ersetzende Glashaus wird durch die Außenwände von Haupthaus und Scheune begrenzt. Eine Spindeltreppe erschließt die oberen Etagen (Wohnen, Schlafen und Arbeiten) und die Verbindungsbrücke aus Stahl. Die verglasten Böden der Stahlkonstruktion ermöglichen den Lichteinfall bis hinab in das Erdgeschoß. Das Glashaus wird als Eingang und als »grünes Zimmer« genutzt. Den kleinen natursteingepflasterten Hof schließt ein Tor zur Straße. Kübelpflanzen und Berankungen an den Grenzwänden begrünen den intimen Hof, der auch als erweiterter Arbeitsplatz vor dem Atelier und geschützter Sitzplatz dient. Wichtiger planerischer Ansatz ist die Inszenierung der Erschließung: die Anlage der beiden Treppen und die Verbindungsbrücken laden zu einem Rundgang ein. Bei diesem Spaziergang über die verschiedenen Ebenen und Galerien ergeben sich weite Durchblicke im Haus und interessante Wechselbezüge nach außen. Raumeindrücke wie niedrig-hoch, eng-weit, hell-dunkel werden zum Erlebnis. Der Einfall von Licht und Schatten verstärkt die Raumwirkung, die bei Nacht durch die teilweise indirekte Beleuchtung zusätzlich inszeniert wird.

Aus ehemals 75 entstanden 197 Quadratmeter Wohnfläche – vor allem aber eine bemerkenswert qualitätvolle Architektur.

Die Isometrie des Erdgeschosses – eine gute Vorstellungshilfe zur Darstellung von Raumgrößen und Zusammenhängen.

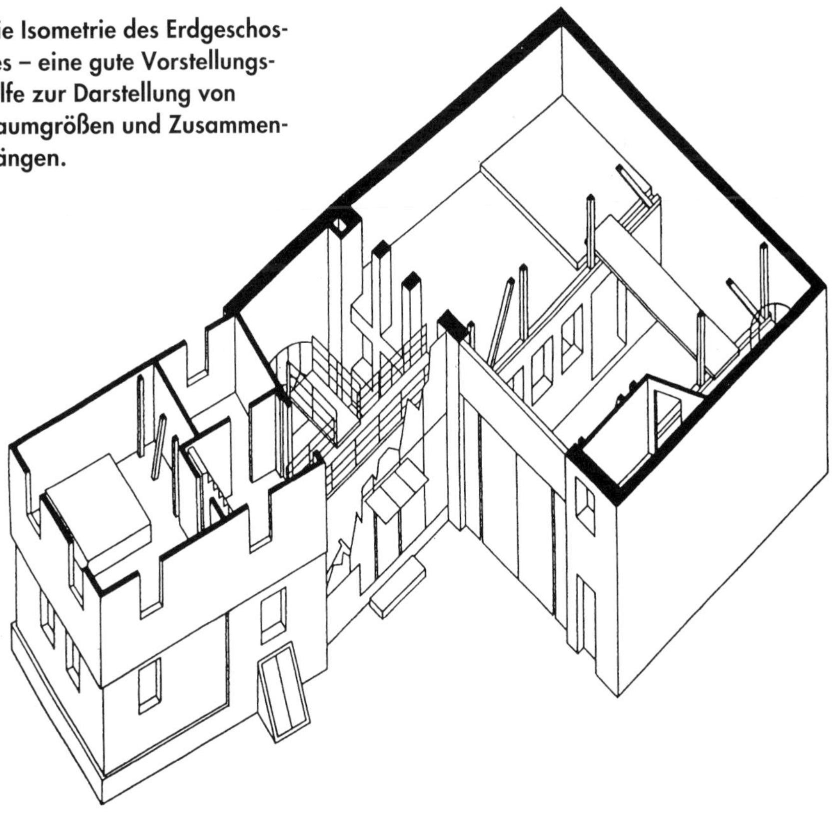

Der Umbau dieses einfachen Fachwerkhauses zeigt in beeindruckender Weise, zu welchen Metamorphosen ein altes Haus fähig ist. Voraussetzung allerdings ist, daß es in die richtigen Hände gerät.

Die Galerie im Verbindungsbau. Hier wurden die ehemaligen Außenwände durch die Patina des Steins zu interessant strukturierten Innenwänden.

Der Blick durch das »Scheunentor« in die Galerie.

Die Hofanlage vor dem Umbau mit dem Blick auf die rückwärtige Scheune.

Nach außen stellt sich die Renovierung konservatorisch korrekt dar – eine Respektserklärung an die Baugeschichte und den Genius loci der kleinen Gemeinde.

Seiten 158/159:
Zwei ehemalige Außenwände bilden als Innenwände des Zwischentraktes den Hintergrund für die Wendeltreppe, die durch den Podestantritt ganz ungewöhnlich wirkt.
Die Schlafinsel vermeidet jede Fachwerkgemütlichkeit. Die bietet der Blick aus dem Fenster ausreichend.

Architekt: Johannes Brucker, Stuttgart

# Konsequent umweltbewußt – Umbau einer Scheune zum Niedrigenergiehaus

Das frühere Scheunenhaus liegt im Zentrum eines kleinen Dorfes in Baden-Württemberg, das als Ensemble unter Bestandsschutz steht. Über 100 Jahre hatte es seine Funktion erfüllt, in den letzten Jahren stand es ungenutzt leer und drohte zu verfallen. Eine ökologisch verantwortungsbewußte Bauherrin kaufte das Haus und ließ es zu einem Wohnhaus für fünf Personen umbauen. Die beheizbare Fläche beträgt 160, die gesamte Wohn-Nutzfläche 210 Quadratmeter. Drei Aspekte sind bei diesem Umbau beispielhaft: Der Kauf und die Umnutzung des vorhandenen Hauses erfolgten, um Naturflächen einzusparen, die ein Neubau am Dorfrand sonst versiegelt hätte, es wurden nur die notwendigsten Materialien für den Umbau zugekauft, da Dachziegel, Balken und Bruchsteine wiederverwendet werden sollten, und schließlich entstand ein konsequentes Niedrigenergiehaus. Dazu verwirklichte der Architekt ein ungewöhnliches Konzept: In die alte 50 Zentimeter starke Sandsteinhülle wurde ein komplett neues Haus in Holzrahmenbauweise hineingestellt. Die Dämmstärke von Boden, Wänden und Dach beträgt zwischen 14 und 30 Zentimetern, mit sorgfältigen Dampf- und Windsperren.

Eine Wärmeschutzverglasung mit niedrigem k-Wert entlastet zusätzlich die installierte Lüftungsheizung mit angeschlossener Wärmerückgewinnung. Dadurch konnte der Energieverbrauch auf einen phantastisch niedrigen Vergleichswert von 5 Liter Heizöl je Quadratmeter im Jahr reduziert werden. Ergänzt wird das umweltbewußte Konzept durch eine konsequente Nutzung der Sonneneinstrahlung, des Regenwassers für die Waschmaschine und die Spülung sowie einer Kompostieranlage, die mit den Toiletten verbunden ist.

Von dem wohlüberlegten Innenleben des Hauses ist außen außer an dem gläsernen First kaum etwas abzulesen. Fünf Wohnebenen gruppieren sich um ein offenes Treppenhaus und den integrierten Wintergarten, der den Wunsch der Bauherren, im Einklang mit der Natur leben zu wollen, auch im Inneren erfüllt. Dennoch lagen die Baukosten weit unter denen eines Neubaus. Für den Architekten bleibt bei einer so intensiven Betreuung finanziell nichts übrig – außer das gute Gefühl, mit wirklich innovativen Konzepten ein Vorbild geschaffen zu haben.

**Grundriß Erdgeschoß im Maßstab 1:200**

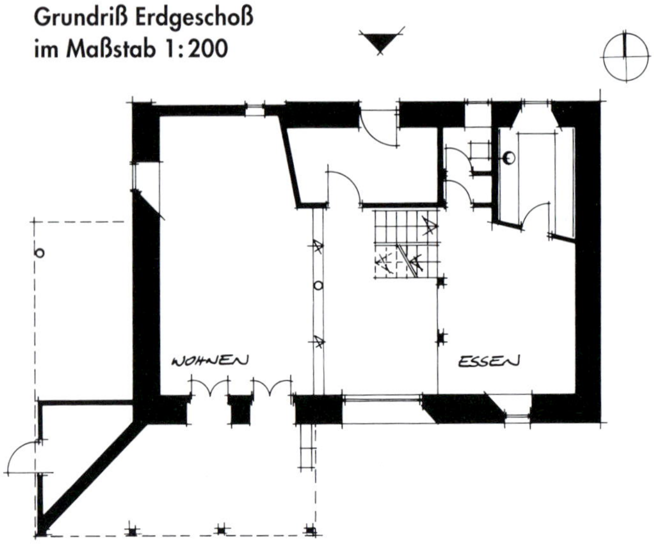


**Grundriß Obergeschoß im Maßstab 1:200**

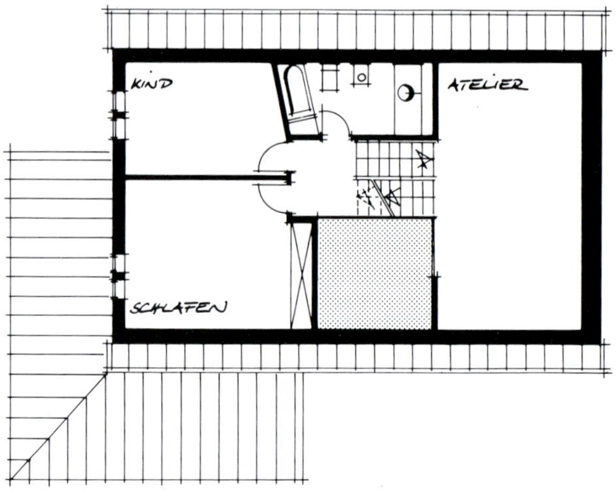

Bei diesem Projekt wurde die Verantwortung für das umweltgerechte Bauen wirklich ernst genommen, nach dem Prinzip, was zu verwerten ist, wird auch wieder verbaut.

Der vorgelagerte Wintergarten ist energetisch konsequent vom Haupthaus abgeteilt und dient als Übergangsraum und solarer Energielieferant.

Die Eingangsseite. Wo das Bruchsteinmauerwerk zu erhalten war, wird es auch gezeigt, sonst mit einer Wetterhaut aus Holz verkleidet. Das Fenster schlägt nach außen auf, bei Winddruck wird es gegen die Dichtung gepreßt und schließt besonders dicht. Zur Optimierung der Wärmedämmung erhielt das Haus eine zweite, besonders dämmfähige Innenfassade.

Die zweigeschossige Wohnhalle bringt Großzügigkeit in den Grundriß.

Architekten: Dr. A. Uffelmann, T. Böcker, Hannover

# Wenn Gedanken das Bauen formen – Umbau einer niedersächsischen Durchfahrtsscheune von 1869

Das große denkmalgeschützte Hofensemble, ein ehemaliges Rittergut, wird noch landwirtschaftlich genutzt, die Durchfahrtsscheune aus dem vorigen Jahrhundert aber stand leer und sollte zu einem Wohnhaus mit Einliegerwohnung werden. Der architektonische Ausdruck der Anlage wird von den großen Volumina und den ruhigen, schweren Dachflächen bestimmt, die großen Feldern gleich den Übergang von Architektur zur Landschaft schaffen.
Das Dach der umzubauenden Scheune (950 Quadratmeter!) hatte ebenso wie die 70 Zentimeter dicken Wände aus Bruchsteinmauerwerk kaum Öffnungen, war aber in ordentlichem Zustand. Unter diesen Bedingungen war es nicht leicht, ein überzeugendes architektonisches Konzept zu finden. Allein vor Planungsbeginn gab es fünf Ortstermine, an denen Bauherren, Architekten und Denkmalpfleger sich über die gegenseitigen Forderungen und Erwartungen des Umbaues austauschten sowie Kriterien für die Planung festlegten. Das Gespräch kreiste darum, wie sehr und auf welche Art in die Bausubstanz eingegriffen werden sollte. Das Ergebnis war, daß die ehemalige Durchfahrtsscheune in ihrer einstigen Funktion zu erkennen bleiben sollte und daß ein zurückhaltender Eingriff in den Altbau die beste Lösung sei, wobei die Qualität des mächtigen Baus, sein Volumen und die vorhandene Konstruktion erlebbar bleiben sollten. Die Übereinstimmung in der Betrachtung auch mit den Denkmalpflegern, die ja häufig einen Verzicht auf die ganz eigene Lösung fordern und eher zum Restaurieren denn Umbauen neigen, hatte für den Bauherren den Vorteil einer weitgehenden steuerlichen Abschreibungsmöglichkeit seiner Investitionen und am Ende ein alle überzeugendes architektonisches Ergebnis.

**Grundriß des Erdgeschosses vom Wohnteil im Maßstab 1:200**

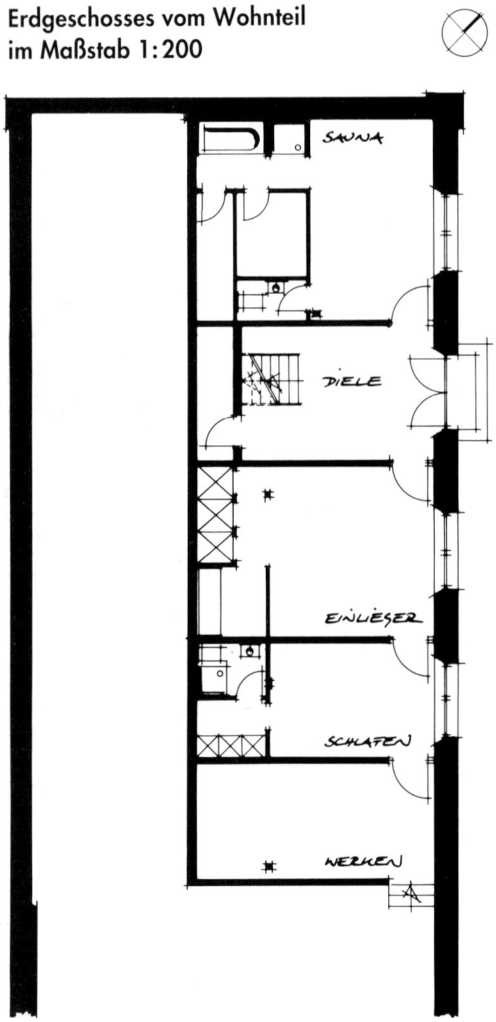


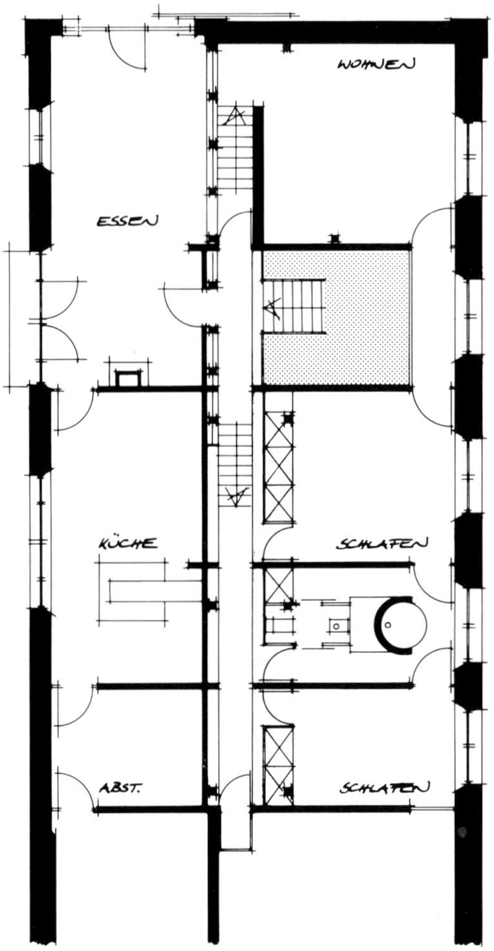


**Grundriß des Obergeschosses vom Wohnteil im Maßstab 1:200**

**Die Durchfahrtsscheune vor dem Umbau zeigt die Schwierigkeit, ein solches Gebäude für Wohnzwecke zu belichten, ohne seine Ausstrahlung wesentlich zu verändern.**

**Stallfensterformate erinnern an die ursprüngliche Nutzung.**

Das Entwurfskonzept wurde auf die nötigsten Eingriffe in die Substanz reduziert, auch im Grundriß. Dieser ist zum Teil auf zwei Ebenen organisiert. An der Stelle der höher gelegenen ehemaligen Durchfahrt befinden sich die Gemeinschaftsräume wie Eßplatz und Küche, der tieferliegende Teil der ehemaligen Lagerflächen wurde zweigeschossig ausgebaut und nimmt die Individual- und Naßräume auf.
In der Auseinandersetzung von Neu und Alt wird das architektonische Thema der Fuge und der sichtbaren Schichtung von unterschiedlichen Architekturelementen zum Inhalt des Entwurfes. Der Neubau im Inneren wird von der vorhandenen Bruchsteinmauer abgerückt und durch Schotten gegliedert, die Durchbrüche von Fenstern und Türen werden an den Schnittstellen des Bruchsteinmauerwerkes deutlich gemacht. Der eingebaute Neubauteil steht zum Vorhandenen wie ein tragendes Gerüst zur umgebenden Gebäudehülle. Die Türen liegen im Anschluß zur Bruchsteinwand und bilden mit einer schmalen Wandscheibe eine Zäsur oder Fuge, durch die der Blick durch den 60 Meter langen Innenraum von Alt- und Neubauteil möglich ist. Die Konstruktion wird von den massiven Schotten gehalten, auf denen ein sichtbar eingesetzter Stahlträger aufliegt, der die vorhandene Dachkonstruktion aufnimmt. Eine neue Längswand liegt in der historischen Stützenachse, dort bleiben vorhandenes Fachwerk und Natursteinsockel sichtbar. Die Planung versucht, die Identität des Alten und Neuen gleichermaßen zu wahren. Die einen guten Entwurf bestimmende notwendige Spannung liegt in den gegensätzlichen Charakteristika von historischer Substanz und den modernen, wie in einem Filmstudio eingestellten Architekturelementen. (Die Wohnfläche beträgt 265, die der Einliegerwohnung 40 Quadratmeter.)

**Die Fensteröffnungen stellen den notwendigen Kompromiß an die neue Nutzung dar, ohne den Baukörper zu verfälschen. Das große Schiebetor bietet Sicht- und Wärmeschutz nach bewährtem Funktionsprinzip.**
**Im Inneren bietet das Bruchsteinmauerwerk eine interessante Wandstruktur.**

Die Küche im höher gelegenen Teil der Scheune mit dem großen Fensterelement, das den Sichtbezug zur Landschaft schafft.

Der Eingangsbereich führt nach oben zum Wohnteil.

Der Blick zurück verweist auf die Nutzungsgeschichte des Hauses.

Die versetzte Zweigeschossigkeit schafft weite Blickbezüge im Grundriß und faszinierend differenzierte Räume unterschiedlicher Form und Höhe.

Im großen Wohnraum ergeben sich interessante graphische Wandstrukturen, deren Modernität mit dem alten Gebälk kontrastiert – hier begegnen sich zwei Architekturwelten.

Architekt: Bernhard Busch, AGN, Ibbenbüren

# Symbiose zweier Architekturwelten: Charakteristische Hofstelle der 30er Jahre, zeitgemäß interpretiert

Streng und karg waren sie oft, die Bauernhäuser der dreißiger Jahre im Emsland – mit klaren, einfachen Formen, wenigen Materialien, in der Gestaltung ganz auf die Funktion beschränkt. Ihnen haftet etwas Freudloses an, so wie der Landstrich sich häufig bei spätherbstlichem Regen zeigt. 1935 gebaut, wurden aus der Hofanlage jetzt zwei Wohnungen (113 und 125 Quadratmeter groß), eine davon im ehemaligen Stall.
Auch wenn die Eingriffe in die Substanz erheblich waren, vor allem in der Innenraumgestaltung, so ist doch das Landschaftstypische des Hof- und Stallgebäudes erhalten geblieben. Doch heute, nach dem Umbau, strahlt das kleine Ensemble aus Haupthaus und Scheune eine entschlossene Heiterkeit aus. Alles Düster-Karge ist verschwunden. Und dazu bedurfte es nur weniger, aber gekonnt eingesetzter Gestaltungsmittel: Zum einen das viele Weiß der bewußt in tiefen Holzfuttern eingefaßten Fenster, die in den Proportionen das alte Stallfenstermaß aufnehmen. Zum anderen das Grau der Holzverschalung am Anbau und die Akzente der neuen kleinen Rundfenster sowie der angesetzte Balkon auf Stahlkonsolen, der auf die Nutzung in der Freizeit verweist.

Auf diese Weise ist ein Haus entstanden, weiterhin landschaftstypisch und doch selbstbewußt zeitgenössisch. Und das zu erstaunlich günstigen Baukosten von nur 1550 Mark je Quadratmeter Wohnfläche, die zu dreißig Prozent in Eigenleistung erbracht wurden. Einberechnet ist auch die eigene Klärvorrichtung, eine Wurzelraumkläranlage für das anfallende Schmutzwasser, die je Bewohner fünf Quadratmeter Pflanzfläche benötigt – bei einer auf dem Land häufig anzutreffenden üppigen Grundstücksgröße von über 4000 Quadratmetern kein Problem.

**Grundriß Erdgeschoß im Maßstab 1:200**

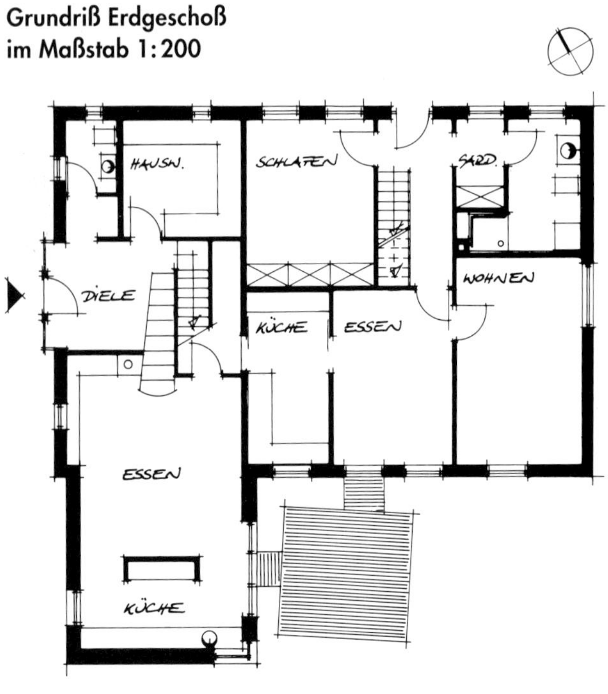


**Fassadenstudie mit ungewöhnlicher Sprossenteilung des Giebelfensters.**

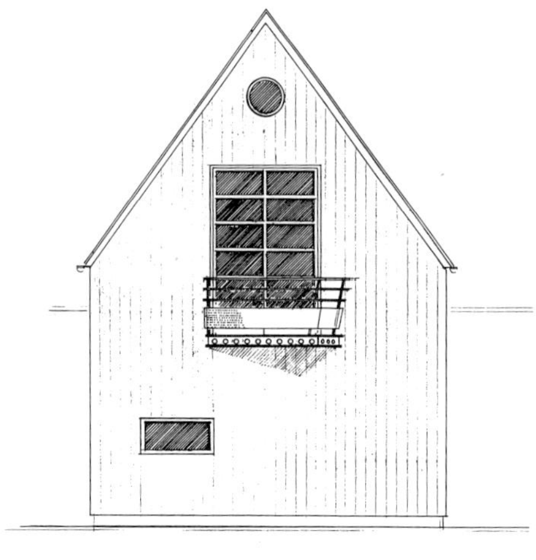

Links: das schlichte, landschaftstypische Anwesen vor dem Umbau.

Der vorkragende Anbau hält sich an die Formensprache der Umgebung, schafft jedoch in seiner Gestaltung konsequent den zweiten baugeschichtlichen Abschnitt.

Fassadenstudie mit gänzlich in Glas aufgelöstem Giebel und sichtbaren, unterspannten Sparren. Das Ergebnis ist dann der stimmige Kompromiß.

Im Haus erinnert kaum noch etwas an die Zeit der landwirtschaftlich kargen Nutzung.

So wünscht sich der Städter das Wohnen auf dem Lande. Siehe auch Abbildung auf dem Schutzumschlag.

Neuinterpretation des Eingangs mit eingestelltem Türelement, dessen Farbgebung den heutigen Geist des Hauses verkündet.

Blick aus dem kleinen Studio des ausgebauten Dachgeschosses im neuen Anbau.

Die offene Wohnküche mit Zugang zur Terrasse. Die kühle Sichtbetondecke steht in interessantem Kontrast zum warmen Holzton des Dielenbodens.

Architekt: Hansjörg Göritz, Hannover

# Faszinierend: Das Steinhaus im Holzhaus

Dieser Entwurf ist in seiner Konzeption so ungewöhnlich, daß er auf zweierlei Weise erläutert werden soll: durch rein technische Informationen zum einen und zum anderen durch die besondere Aufmerksamkeit fordernde Interpretation des Architekten selbst. Der alte Eichenfachwerkbau, eine niedersächsische Durchfahrtsscheune von 1794, sollte zu Wohnzwecken umgebaut werden als Einfamilienhaus mit Einliegerwohnung. Ziel der Planung war, den landschaftstypischen Einraumcharakter des kargen Nutzbaues zu erhalten. Das Ergebnis ist ein Steinhaus im Holzhaus mit zwei Wohnungen, die sich ohne Querunterteilung über die gesamte Hauslänge auf 337 Quadratmetern erstrecken. Der eingefügte Steinbau nimmt die Erschließung und die Nebenräume auf, im Fachwerkteil wird gewohnt. Das Resultat: Kontrast und Polarität zwischen altem Fachwerk und den wuchtigen Segmentschalen des gemauerten Blocks bestimmen die Dramaturgie des Entwurfes. Die verwendeten Materialien: Ziegel, Holz und Stahl pur. Verständlich, daß dieses ungewöhnliche Entwurfskonzept einen wichtigen deutschen Architekturpreis erhalten hat. Bemerkenswert: der gesamte Umbau wurde in Eigenleistung erstellt, nur die Heizung hat eine Fachfirma eingebaut.

**Die Gebäudeform gibt keinen Hinweis auf das Innenleben.**

Der Architekt, dessen Entwurfsphilosophie auf das »ganz Einfache« gerichtet ist, beschreibt diesen Bau selbst so:

Stein im Zelt. Die 200jährige holzverschalte Scheunen-Dame wohnungshalber abgerichtet zum kunstgewerblich aufgedonnerten Unoxschlößchen…? Der Entwurf will nicht mitmischen bei den Pastiches geschwätziger »Regionalismus«-Mutationen. Viel mehr. Erhaltung der überkommenen großartigen Einraum-Wirkung eines kargen Nutzbaus der Alten. Seiner stillen Wahrhaftigkeit Reverenz zollen.

Die Idee vom »Einen Raum« wird möglich durch Konzentration aller »dienenden Zellen« in einem Monolithen als eingestelltem Nukleus. Diese bescheidene Raumabsicht wurde zum »Wolf im Schafspelz«: ein Steinhaus ins Holzhaus gestellt.

Lapidar. Ordnung mit bleibender Sinn-fälligkeit: ein innerer »dienender« Körper als überdimensionaler Hypokaustenturm und zentraler Speicher aus wuchtig steilen Backsteinmassen mit eingemauerten Heizschlangen, – eingefügt im äußeren »bedienten« Raum als Klimaschicht mit Dämmhülle auf altem Skelett.

In der Orthogonalstruktur überkommener Konstruktion wirkt ein moderner Archetypus: ein zylindrischer Primärkörper, komprimiert, entsprechend der Längstendenz der Hülle. Die größte Tiefe in der Querachse nimmt sich gegen große Giebelöffnungen zurück. Flach gekrümmte Wände begleiten neue Nutzungen. Das janusköpfige Prinzip des »Durchwohnens« mit Galerien interpretiert den vorgefundenen Typus »Durchfahrtscheune«.

Großes im Kleinen schaffen. Mit armen Materialien. Die unmittelbare Strenge von Konzept und Stereometrie soll Kraft haben. Der beabsichtigte Zauber zeitloser Gediegenheit erklärt sich aus dem Kunstlosen des Gebräuchlichen. Für dessen großartige Nüchternheit kann die gute Proportion und feine Verarbeitung die einzige Kunstforderung sein. Der blockhaft materialisierte Körper wird still im Licht gegliedert und durch wuchtige Schatten elementar vereinfacht und zu archaischer Wirkung gebracht.

Die Dinge hinter den Dingen – das Verinnerlichte im Äußerlichen…

In einer gottlosen Welt mit all den Tänzen ums Goldene Kalb eine klösterlich-asketisch gemeinte Idealarchitektur. Die zu machen und zu bewohnen innere Kraft verlangt und schafft, uns als Wesentliches das Eigentliche der Dinge zurückgibt. Geschenk und Last…

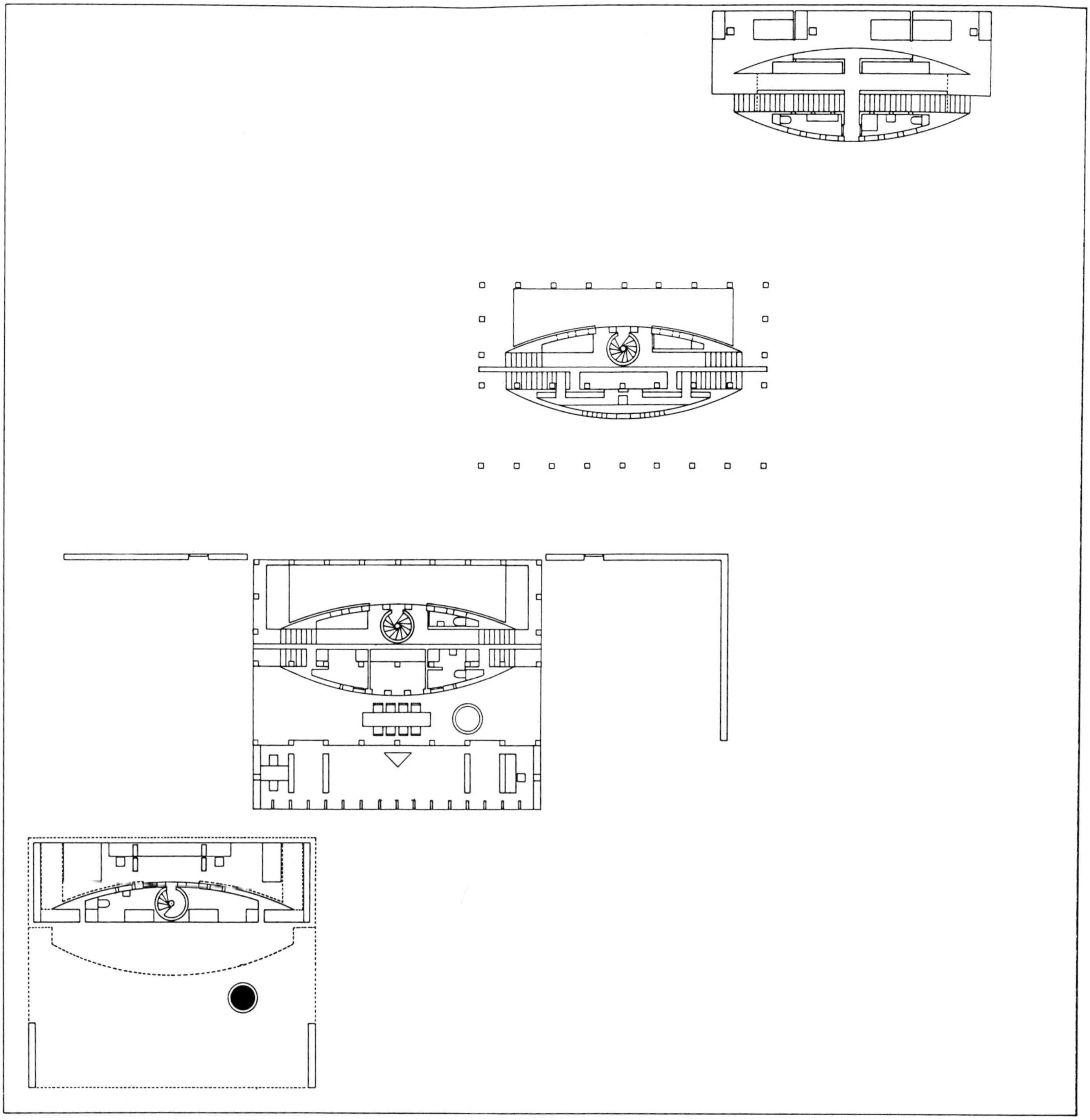

Die Grundrißebenen 1–4
im Maßstab 1:300

Die perspektivische Zeichnung
verdeutlicht die Entwurfsidee
des eingestellten elliptischen
Körpers.

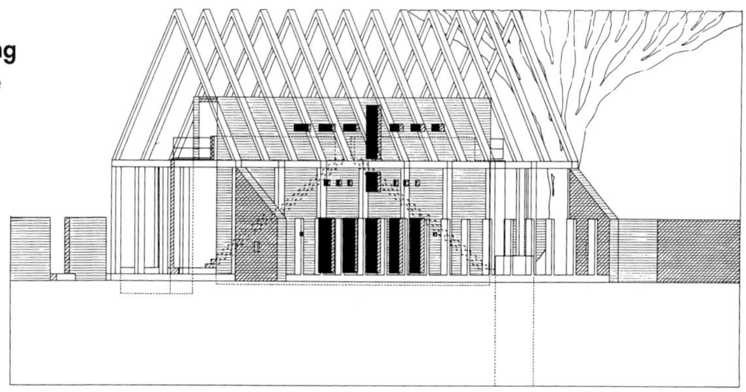

Die dienenden Zellen des Hauses sind hinter der massiven Schale verborgen.

Über drei Ebenen erhebt sich maskenhaft die Cella.

Weiß geputzte Flächen dienen als Reflexionsebenen und heben ein wenig die Strenge der Ziegelfassade auf.

Einblicke in eine Architekturwelt, die durch ihre künstlerische und intellektuelle Qualität besticht – mutig und nachahmenswert, wenn Bauherren bereit sind, sich auf einen so ungewöhnlichen Entwurf einzulassen.

Material- und Strukturdialog in der unteren Ebene. Rechts: Es lohnt, das Skizzenblatt wie ein Labyrinth zu durchwandern, das in besonderer Weise den Entwurf nachvollziehbar macht – den geistig-kreativen Weg des Architekten von der ersten Skizze bis ans Ziel der späteren Realisierung.

# Mühlen

Fast ein eigenes Dorf.
Siehe Projekt Seite 178 ff.

Architekten: Kovacs + v. Werz, München

# Denkmal- und Landschaftsschutz, ernstgenommen: Umbau eines Mühlengebäudes von 1551

Noch bis in die sechziger Jahre wurde in der Mühle Öl und Getreide gemahlen, dann bricht die über dreihundertfünfzigjährige Familientradition ab, die Mühle wurde stillgelegt, das Gebäude aufgegeben. Über zwanzig Jahre stand das Haus leer, das große Grundstück wurde als Baumschule und Müllkippe genutzt. Die Wasserrechte waren an das »fachkundige« Wasserwirtschaftsamt verkauft worden, das erst einmal den Mühlbach trockenlegte, »fortschrittlich« begradigte und mit Betonwänden einfaßte. Der Nutzen natürlicher Wasserläufe für die Tierwelt und das Landschaftsbild wurde in den technikverliebten siebziger Jahren ja häufig nicht erkannt. Als Folge der Stillegung des Mühlbaches trockneten die Fundamentpfähle des Hauses aus, und der Bau sackte um über einen Meter ab. Ein flexibler Fachwerkbau übersteht so etwas glücklicherweise. Allerdings war das heruntergekommene Gebäude auch für das Technische Hilfswerk als Übungsstätte willkommen gewesen: Es übte hier mit schwerem Gerät, zerlegte die Mühlsteine und das Innere des Hauses. Das war die Ausgangssituation für die Bauherren, die sich spontan in das alte Mühlenhaus verliebt hatten und mit visionärem Blick seine architektonischen und landschaftlichen Möglichkeiten erkannten. Und es war gut, daß sich die Architekten von dieser Begeisterung, die bis ins Detail ging, anstecken ließen. So erfolgte die Planung in München, die Baubetreuung durch regelmäßige Besuche auf der Baustelle, und die gesamte Abwicklung lag bei einer kleinen, vom Bauherrn gegründeten Firma mit Vorruheständlern, die anderweitig keine Beschäftigung mehr gefunden hatten. Wie sich bald herausstellen sollte, war dies nicht nur eine sehr effiziente, sondern auch besonders kostengünstige Form des Umbauens, die erheblichen Eigenleistungen der Bauherrenfamilie eingeschlossen.
Ziel der Planung war, das Gebäude in seiner historischen Gesamtanlage wiederherzustellen, die Mühlentechnik zu rekonstruieren und auch die Landschaft wieder in den ursprünglichen Zustand zurückzuversetzen inklusive der heimischen Tierwelt.
Zu Beginn war es die wichtigste Baumaßnahme, das Haus mit einem neuen Fundament zu unterfangen und vor Absacken zu schützen. Das Fachwerk wurde zur Gänze freigelegt, zum Wärmeschutz zweischalig neu ausgefacht und nach alten Handwerksregeln verputzt: Kalkputz mit Quarzsand und ein wenig Weißzement, um den Putz durchzufärben, der dann nach dem Trocknen ein besonders strahlendes Weiß ergibt.
Das in Resten vorhandene Mühlrad wurde rekonstruiert, das Mahlwerk überholt, Mühlenteich und Wehrbereich wurden neu angelegt, ebenso die Wasserführung durch das Haus, die durch Schieber abgesperrt werden kann, schließlich soll die Mühle heute nicht mehr täglich Getreide mahlen. Daher ist auch im Erdgeschoß der eigentliche Mühlenteil funktional und formal deutlich vom Wohnbereich abgetrennt.
Die ursprünglichen Nebengebäude – Stall, Backhaus und Butterhaus – wurden rekonstruiert, und auch der für das Müllerhandwerk berufstypische Esel lebt heute als Freund der Kinder wieder auf dem Mühlengelände. Um der Landschaft gerecht zu werden, setzten die Bauherren die von der Baumschule gezogenen, landschaftsfremden Gehölze um und ersetzten sie durch eine Vielzahl von regionaltypischen Bäumen und Sträuchern.
Das Ergebnis dieser umfangreichen und sehr kundigen Maßnahmen hat auch das Denkmalschutzamt überzeugt: Es stellte das Anwesen unter Schutz und beteiligte sich anerkennend an den Baukosten.
Heute steht dieses Stück Bau- und Kulturgeschichte wieder ganz selbstverständlich dort in der weiten Landschaft und gibt Auskunft über die Lebensgewohnheiten der einst autarken Mühlenbauern. Aber darüber sollen die alten Wunden ebensowenig vergessen werden wie die Ignoranz und der Irrglaube, alles sei machbar, auch mit der Landschaft. Ein beispielhaftes Engagement, das Gleichgesinnten Mut machen kann.

**Grundriß Erdgeschoß im Maßstab 1:200. Gut ablesbar ist die Mühlentechnik in dem großen Zentralraum des Hauses.**

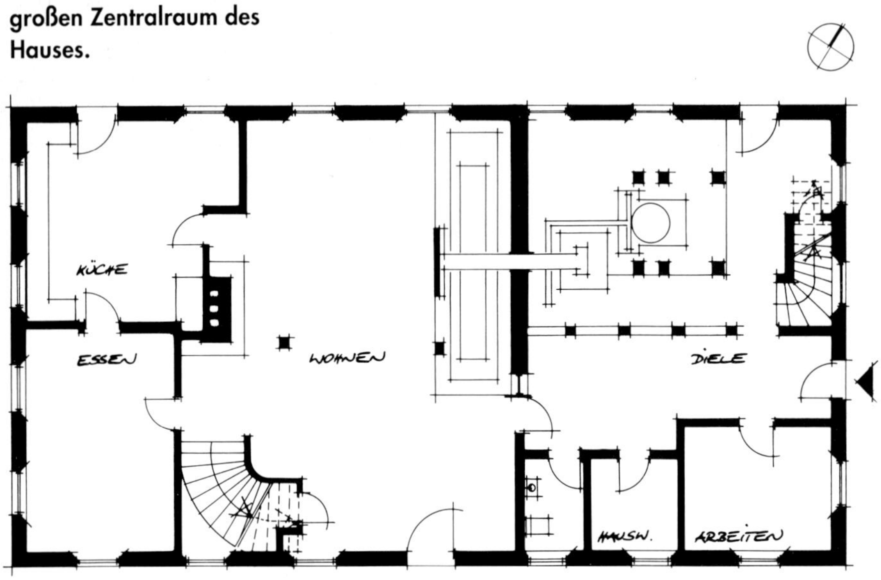

Einmal angesteckt von der Begeisterung der Sanierung des alten Mühlenanwesens, hieß die Aufgabe bald, alle Gebäude wieder instandzusetzen und auch das Gelände zu rekultivieren.

Blick von der Halle auf den Eingang. Formen und Details des Mahlraumes sind bewußt funktional ausgelegt – schließlich ist die Mühle wieder in Betrieb.

Der Mühlbach fließt tatsächlich nach vielen Jahren der Stillegung wieder unter dem Haus durch. Darüber erhebt sich auf der Südseite die einmalige Terrasse, von der aus der Blick weit ins Land hinein reicht.

Das Fachwerk ist gerichtet, die Felder sind strahlend neu verputzt, und auch aus dem hauseigenen Brunnen läßt sich wieder Wasser schöpfen.

Architekten: Barbara und
Reiner Bauernschmitt, Bamberg

# Rückbau eines »kaputtsanierten« Kulturdenkmals – eine der letzten privaten Papiermühlen in Bayern

Alte Häuser mit wechselvoller Geschichte haben Liebe und Sorgfalt verdient, besonders beim Umbau. Eine auch nur annähernd sensible Zuwendung hatte die alte Mühle nach ihrer Stillegung leider nicht erfahren. Erst der jetzt erfolgte, erneute Umbau und die korrekte Rekonstruktion der wesentlichen Architekturelemente geben dem Bau seine alte architekturgeschichtliche Bedeutung zurück. Ein dendrochronologisches Gutachten datiert das Gebäude auf das Jahr 1737, bis etwa 1930 wurde gemahlen. Das Inventar ging dann an das Deutsche Museum in München, wo es noch heute ausgestellt wird. Später waren die Gebäude vermietet, wurden artfremd genutzt, 1975 verkauft und her-, wenn nicht hingerichtet. Diese »Sanierung« erst hat dem Mühlenhaus ernsthaften Schaden zugefügt. Die unkundigen Besitzer ließen vor alle beschädigten Wände und Decken einfach Gipskartonplatten nageln – das Übel war verborgen.
Darüber hinaus wurden Fenster zugemauert, und falsch abgeleitetes Schmutzwasser hatte in kurzer Zeit das Gebäude gleichsam von innen heraus zerstört. Dabei waren die Ausgangsbedingungen für das Haus so gut: Das Grundstück hat eine Größe von 4000 Quadratmetern, liegt landschaftlich reizvoll am Bach, das alte Gebäude hat eine interessante Konstruktion – ganz abgesehen vom Mahlwerk. Das Erdgeschoß ist aus Feldsteinen gemauert, das Obergeschoß eine Fachwerkkonstruktion. So war für die Architekten klar, daß vor der eigentlichen Planung der Bestand sorgfältig untersucht werden mußte, was jeden Tag neue Überraschungen und kleinere Katastrophen offenbarte. Alle Wandverkleidungen, die ja auch bauphysikalisch äußerst heikel sein können, mußten demontiert, Deckenabhängungen, Klinkervorsatzschalen, ein nicht funktionierendes Schwimmbecken und die im Haus (!) eingerichtete Klärgrube entfernt werden. Da die Neuplanung denkmalgerecht ausgeführt werden sollte, beschränkte sich der innere Umbau im wesentlichen darauf, den alten Grundriß wiederherzustellen, die historischen Fensteröffnungen und Fenster zu erneuern und auch die Fußböden wieder mit den ursprünglichen Steinen zu belegen. Im Zuge der Umbaumaßnahme wurde auch die angrenzende Scheune restauriert, ihre Fassade wiederhergestellt, die Decken und das Fachwerk instandgesetzt und damit auch die Statik stabilisiert. Ein Teil der Scheune birgt heute die Bibliothek der Bauherren. Auf diese Weise konnte die Wohnfläche des Mühlenhauses um 50 auf insgesamt 260 Quadratmeter erweitert werden. Nach dem Umbau stellt sich heute das Mühlenanwesen wieder in seiner ganzen – auch romantischen – Qualität dar, wozu neben der detailgetreuen Restaurierung der architektonischen Substanz auch die üppige, liebevoll konzipierte Gartenanlage gehört. Man fühlt sich an das Wohnhaus Monets erinnert. Etwa 3000 Stunden Arbeit der Bauherren haben maßgeblich mit zu dem Ergebnis beigetragen.

**Das Mühlenanwesen wurde zwar genutzt, aber leider auch kaputtsaniert. Nach umfangreicher und endlich gekonnter Sanierung erstrahlt das Haus wieder in seiner selbstverständlichen Schönheit, zu der auch der liebevoll angelegte Garten beiträgt.**

Die Mahltechnik wurde, soweit noch vorhanden, aufgearbeitet und stellt als technische Anlage die Verbindung zu einer vergangenen Zeit dar – und ist in ihrer Mechanik einfach faszinierend anzusehen.

Grundriß Untergeschoß
im Maßstab 1:200

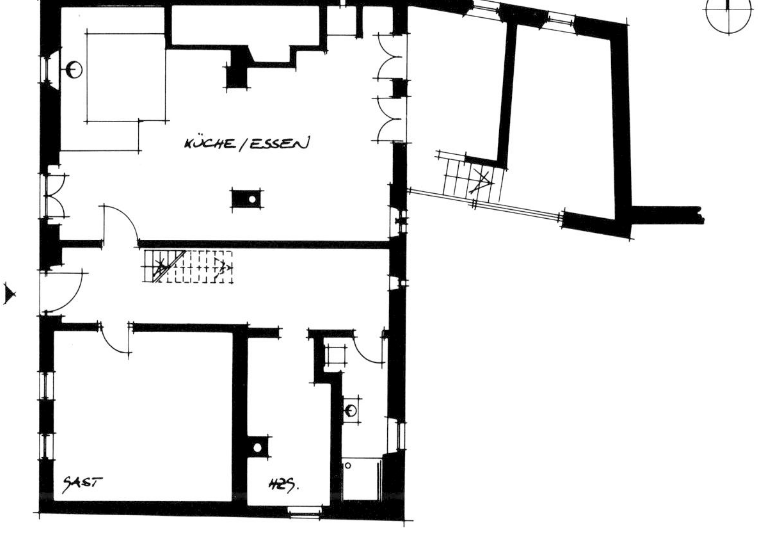

Architekten: Christa Prantl,
Alexander Runser, Wien

# Faszinierend: Aus der Anonymität zurück zu architektonischem Rang. Ein mutiger Beitrag zum Denkmalschutz

Der »Dehio«-Kunstführer von 1986 urteilt über die etwa 1760 entstandene Mühle in Niederösterreich: »Der einzig nennenswerte Teil... ist zweifellos die baufällige, aber erhaltene Fassade..., ein zweigeschossiger Volutengiebel über betontem Traufgesims.« Und auch die war vor dem endgültigen Verfall nicht sicher.
In den fünfziger Jahren wurde die Wassermühle stillgelegt, die bis auf das Jahr 1509 zurückverfolgt werden kann. Bis nach dem Ersten Weltkrieg diente sie im Mahlbetrieb, später zur Stromerzeugung. Danach wurde der Bau von einem Installateurbetrieb genutzt, nach dem Zeitgeschmack der siebziger Jahre renoviert und mit neuen, entstellenden Fenstern versehen. Dem architekturhistorisch wichtigen Gebäude wurde keine besondere Beachtung mehr geschenkt. 1987 kaufte der heutige Eigentümer das Mühlenanwesen, um es zu bewohnen und in einem Teil der drei- und viergeschossigen Betriebsgebäude seine Kinderarztpraxis einzurichten. Interessant ist die Konstruktion dieses L-förmigen Anbaus mit tragenden Außenwänden und innenliegenden Holzstützen, die ebenfalls Holzdecken tragen, gegründet auf den noch erhaltenen Renaissance-Mauerresten im Kellergeschoß.
Die Aufgabe für die Architekten lautete, im Dachgeschoß des mittleren Betriebsgebäudes einen großen Wohnraum sowie darunter und im Keller die Praxis einzurichten. Das Erdgeschoß des Wohngebäudes sollte nach den Umbauten aus den siebziger Jahren nur renoviert und in eine zweite Wohneinheit aufgeteilt werden. Darüber hinaus waren sämtliche Fassaden zu sanieren, die Fenster auszutauschen und die Gartenbereiche gegen den Straßenlärm zu schützen.
Im Inneren wurde vor allem das Betriebsgebäude tiefgreifend verändert. Das in den Nachkriegsjahren zugeschüttete Kellergeschoß wurde freigelegt, um einen Aufgang zu den Praxisräumen zu schaffen, ein neuer Eingang erschließt die Wohnung und führt zu einem Treppenabsatz, von dem aus eine Stiege in den Wohnraum unter dem Dach führt. Vier in Sichtbeton errichtete Wandscheiben definieren die Wege im Gebäude. Zusammen mit der einläufigen Treppe bilden sie das Zentrum des Hauses, ein Bindeglied zwischen dem Eingang im Kellergeschoß, den Schlaf- und Praxisräumen im Erdgeschoß und dem ausgebauten Wohnraum im Dach. Diese begehbare Raumplastik, die über alle Ebenen erlebbar ist, markiert in eindringlicher Weise den architektonischen Eingriff in das Gebäude: Selbstbewußt steht sie für eine Renaissance des vernachlässigten Anwesens und dokumentiert in ihrer Architektursprache, daß alte Häuser auch einen gewagten Eingriff vertragen – und verzeihen, solange ihre kulturhistorisch bedeutsame Substanz respektiert wird. Daß dieser Respekt nicht in der Rückschau und im Konservieren steckenbleiben muß, zeigt dieser Entwurf in überzeugender Weise.
Zurück zu den Baumaßnahmen. Acht Glastüren mit Schallschutzverglasung und die neu eingebrachte Trittschalldämmung auf der Holzbalkendecke unterbinden akustische Beeinträchtigungen zwischen privatem Wohn- und Praxisteil. Zwei je 20 Quadratmeter große Dachverglasungen belichten die Eingangshalle, den großen Wohnraum und die Praxis. Der eingestellte Betonbau ist sowohl Trennung zwischen den Funktionsbereichen als auch Wärmespeicher und Klimaregulator unter den großen Glasflächen. Wegen der sich nur langsam aufheizenden Masse der Betonscheiben konnte auf einen Sonnenschutz verzichtet werden.
Der Putz der Außenwände wurde ausgebessert und mit Kalkfarbe gestrichen, die Schaufassade an der Straße in Zusammenarbeit mit den Denkmalpflegern restauriert, die beiden noch vorhandenen Medaillons freigelegt und vor allem die barocken Fensterkörbe von höchster handwerklicher Qualität aufgearbeitet und wie im ursprünglichen Zustand hellgrau gestrichen. Um den Schallschutz zu verbessern und auch das Grundstück optisch wieder einzufassen, sind die von den Vorbesitzern teilweise abgebrochenen Gartenmauern wieder ergänzt worden.
Unbegreiflich, daß ein architektonisch so reizvolles Gebäude so lange sträflich mißachtet wurde, nachdem es über 200 Jahre lang stolz seine räumliche und architektonische Funktion behauptet hatte. Heute nun reden zwar viele von der Notwendigkeit des Denkmalschutzes, aber nur wenige trauen sich mutig an eine so faszinierende Aufgabe heran, die allzuschnell unter Kostenaspekten verworfen wird. Daß gerade dieses Argument nicht entscheidet, zeigt diese Sanierung, die mit einem strikt eingehaltenen, knappen Budget bewältigt wurde.

Trotz des schlechten Bauzustandes ließ die Fassade erahnen, daß sich dahinter etwas Kostbares verbergen muß.

Nach der Restaurierung zeigt das Haus seine historische Pracht, verrät aber nichts von seiner Verwandlung im Inneren.

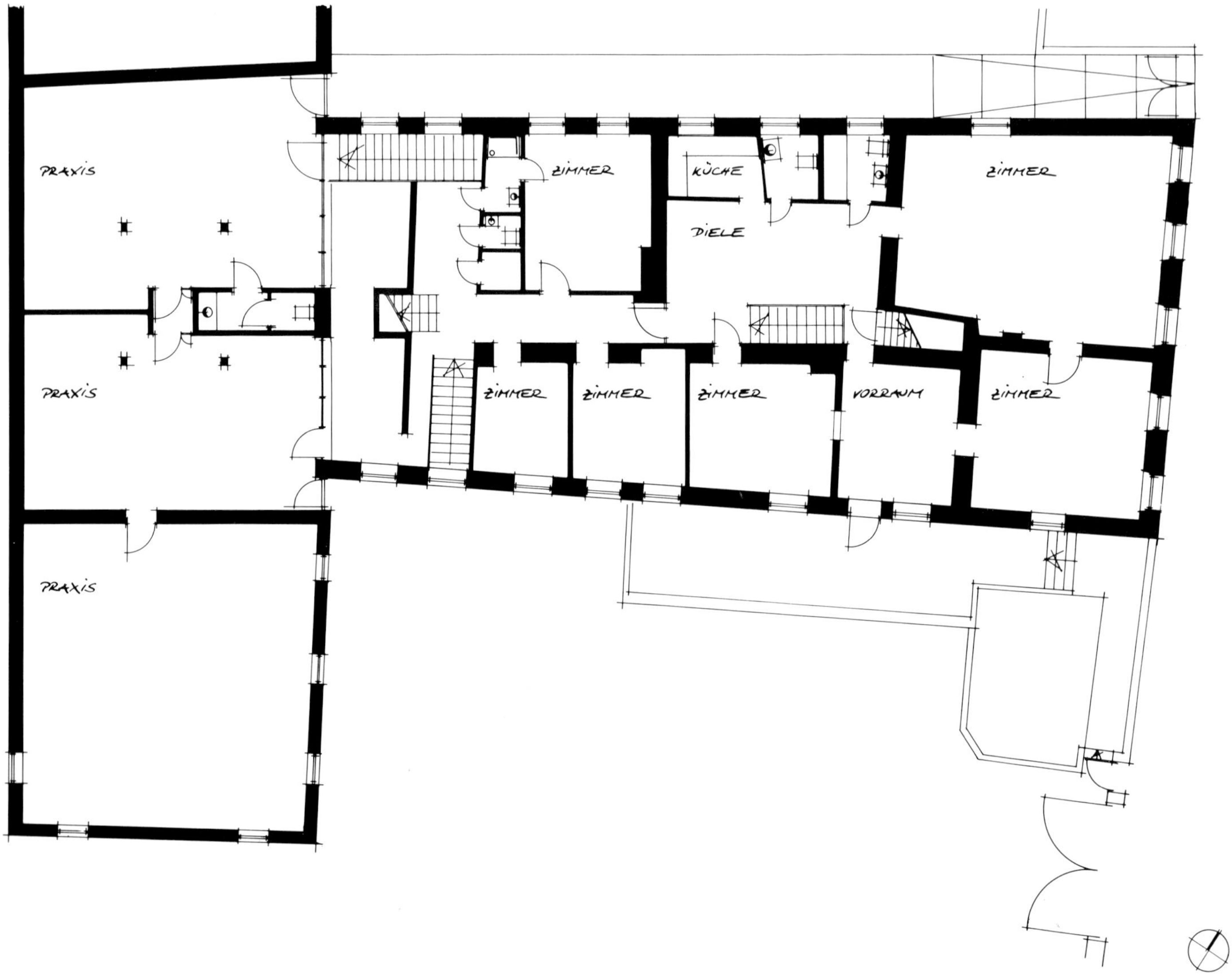


Grundriß Erdgeschoß
im Maßstab 1:200

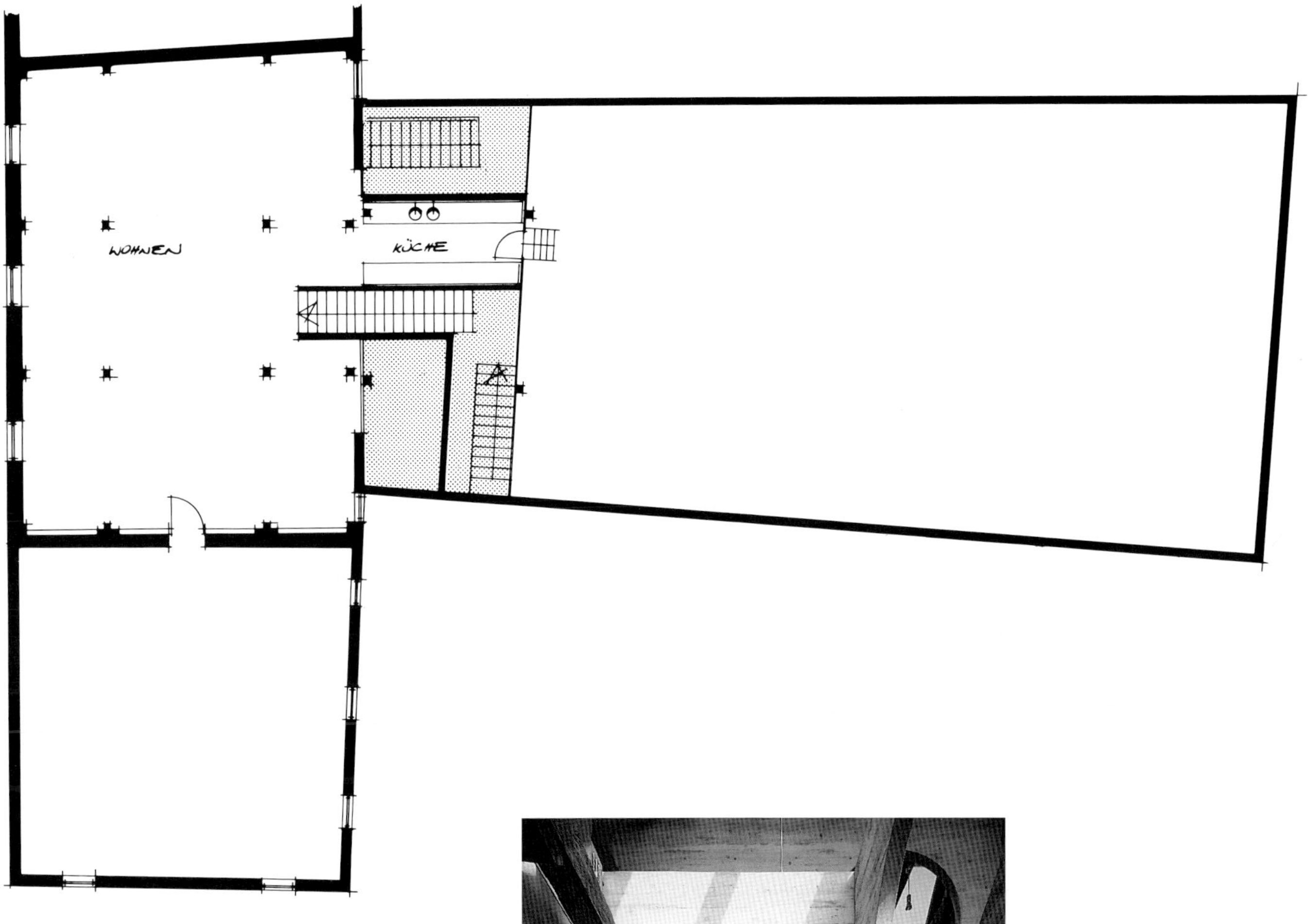


Grundriß Obergeschoß
im Maßstab 1:200

Der Einbau einer neuen Tragstruktur aus Stahlbeton schafft das neue Rückgrat für das Haus – funktional, statisch und gestalterisch, aber auch als Symbol dafür, daß eine neue Zeit für das Haus angebrochen ist.

Der Gewölbegang des Mühlenanwesens war zugeschüttet und mußte erst wieder freigelegt werden. Heute erschließt er die Nebenräume – immer auch ein Weg zurück in die Vergangenheit der großen Zeit, als sich hier die Mahlräder drehten.

Dem großen Volumen des historischen Hauses konnte nur eine große Form Paroli bieten – diese kubistische Architekturplastik schafft es in beeindruckender Weise.

Das Betongerüst verbindet hier traditionelles Ständerwerk und Dachschrägen mit der neuen Architektur des Hauses.

## Literaturhinweise


Altenstadt
**Kostensenkung durch Umnutzung alter Bausubstanz**
**Leverkusen, 1988**

Norbert Balzer
**Historische Bauten im ländlichen Raum**
**Cuxhaven, 1991**

Karl Baumgarten
**Das deutsche Bauernhaus**
**Neumünster, 1980**

Evemarie Brändle
**Bauernhaussanierung**
**München, 1988**

Sherban Cantacuzino
**Neue Nutzung alter Bauten**
**Stuttgart, 1989**

Aldo Castellano
**Alte Bauernhäuser in Italien**
**München, 1986**

Paulus Eckerle
**Bauen im Altmühltal**
**Ansbach/Kipfenberg, 1991**

Torsten Gebhard
**Alte Bauernhäuser**
**München, 1979**

Torsten Gebhard
**Der Bauernhof in Bayern**
**München, 1975**

Manfred Gerner
**Historische Häuser erhalten und instandsetzen**
**Augsburg, 1991**

Gottfried Häfele, Wolfgang Oed, Ludwig Sabel
**Althauserneuerung**
**Staufen, 1988**

Dieter Hoor, Holger Reiners
**Alte Bauten, Neues Wohnen**
**München, 1990**

Julius H. W. Kraft
**Was wie machen?**
**Instandsetzen und Erhalten alter Bausubstanz**
**Interessengemeinschaft Bauernhaus e. V.**
**Lilienthal 1, 1992**

Paulhans Peters
**Umbau alter Bauernhäuser**
**München, 1981**

Otfried Rau, Ute Braune
**Der Altbau**
**Leinfelden-Echterdingen, 1989**

Heinz Schmitz
**Planen und Bauen im Bestand**
**Stuttgart, 1989**

Roland Thomas
**Ein altes Haus wird renoviert**
**München, 1992**


## Architektenverzeichnis und Bildnachweis

**Reiner Bauernschmitt**
Dipl.-Ing. Architekt DWB
**Barbara Bauernschmitt**
Dipl.-Ing. Innenarchitektin
Luitpoldstraße 25
96052 Bamberg
Fotos: S. 182 links: Archiv Architekten
S. 182, 183: Ingeborg Wimmer, Bamberg

**Bertram · Bünemann · Partner**
Architekten BDA
Kriegerstraße 44
30161 Hannover
Fotos: S. 67: Archiv Architekten + Heike Seewald, Hannover
S. 68, 69: Heike Seewald, Hannover

**Alexander Brachmann und Partner**
**Planungsgruppe Brachmann**
Architekten Ingenieure
Cuvillièstraße 9
81679 München
Leipziger Straße 81
04430 Böhlitz-Ehrenberg
In Zusammenarbeit mit:
Dipl.-Ing. Walter Landherr
Blutenburgstraße 25
80636 München
Fotos: S. 47: Archiv Architekt
S. 48, 49: Margret Paal, München

**Johannes Brucker**
**Planungsgruppe Brucker**
Hasenbergsteige 15
70178 Stuttgart
Fotos: S. 153, 160, 161: Archiv Architekt

**Bernhard Busch**
Dipl.-Ing. Architekt
AGN, Architekten, Ingenieure, Generalplaner
Groner Allee 100
49479 Ibbenbüren
Fuggerstraße 12
71332 Waiblingen
Große-Ulrich-Straße 42
06108 Halle /Saale
Fotos: S. 166: Archiv Architekten
S. 167, 168, 169: Eslage & Voß, 49497 Mettingen

**Franz C. Demblin**
Dipl.-Ing. Architekt
Brahmsplatz 7
A-1070 Wien
Foto S. 124: Archiv Architekt

**Hermann Eisenköck**
Dipl.-Ing. Architekt
Jahngasse 9
A-8010 Graz
Fotos: S.143, 144, 145: Archiv Architekt

**Wolfgang Feyferlik**
Dipl.-Ing. Architekt
Glacisstraße 7
A-8010 Graz
Fotos: S. 28, 115, 116, 117: Paul Ott, Graz

**Mechtild Friedrich-Schoenberger**
Nördliche Seestraße 16
82541 Münsing-Ammerland
Fotos: S. 118, 119 oben: Archiv Architektin
S. 120, 121: Hajo Willig, Gruner + Jahr, Hamburg

**Hansjörg Göritz**
Architekt BDA
Jordanstraße 7
30173 Hannover
Fotos: S. 170, 172, 173, 174: Archiv Architekt

**Andreas Hartle und Partner**
Architektur und Stadtplanung
**Dipl.-Ing. Andreas Hartle**
**Raimund S. Bartl**
Design
Bahnhof Kleefeld
Senator-Bauer-Straße
30625 Hannover
Fotos: S. 138, 139: Raimund S. Bartl, Hannover

**Hermann & Valentiny**
Architectes
Am Hundsturm 11
A-1050 Wien
19, Rue des Prés
L-5441 Remerschen
Fotos: S. 31, 62, 63, 64, 65:
Lukas Roth, Köln

**Hild & Kaltwasser**
Architekten
Nikolaistraße 2
80802 München
Fotos: S. 148, 150, 151:
Thomas Mayfried, München

**Heinz Hirschhäuser**
Architekt BDB
Burkheimer Straße 6
81245 München
Fotos: S. 126: Archiv Architekt
S. 127, 128, 129: Ingrid
Scheffler, München

**Kovacs & v. Werz**
vormals Weida + Kovacs
Viktor-Scheffel-Straße 21
80803 München
Fotos: S. 176, 179, 180, 181:
H. Windgassen, Soest

**Professor Nikolaus Kränzle**
Freier Architekt
Mitarbeit: Christian Fischer-Wasels und Bärbel Hoidn
Basler-Tor-Straße 14
76227 Karlsruhe
Fotos: S. 156, 157, 158, 159:
Studio Pfannmüller, Frankfurt

**Architekturbüro Kreutzer & Krisper**
Architekt Dipl.-Ing.
Gerhard Kreutzer
Architekt Dipl.-Ing.
Günther Krisper
Schumanngasse 18
A-8010 Graz
Fotos: S. 60: Archiv Architekten
S. 61: Paul Ott, Graz

**Atelier-Architekt**
**Dipl.-Ing. August Kürmayr**
Lustenauerstraße 31
A-4020 Linz
Fotos: S. 76: Archiv Architekt
S. 77: Klaus Oberndörfer,
Wien

**Hermann Lauer**
Dipl.Ing. Architekt
83674 Obersteinbach
Fotos S. 130, 132, 133:
Archiv Thomas Lauer,
Architekt, München

**Sabine-Beate Lehnert**
Ernsdorf 5
83209 Prien
Fotos: S. 71 oben: Archiv Bauherrin, unten: Roland Bunge,
Dresden
S. 72, 73, 74, 75: Roland
Bunge, Dresden

**Artur Mandler**
Architekt BDA
**BauCoopKöln**
Landsbergstraße 43
50678 Köln
Fotos: S. 54: Archiv Architekt
S. 55, 56, 57: Jens Willebrand, Gruner + Jahr,
Hamburg

**Gerhard Mitterberger**
Dipl.-Ing. Architekt
Otto-Loewig-Gasse 18/3
A-8042 Graz
Fotos: Zita Oberwalder, Graz

**H.-E. Prahl**
Dipl.-Ing. Architekt
Große Dammstraße 30
21762 Otterndorf
Fotos: S. 32, 33: Norbert Balzer, Cuxhaven
S. 140, 141: K. Vogel-Behrensmann, Zuhause
Wohnen, Hamburg

**Christa Prantl**
Dipl.-Ing. Architektin
**Alexander Runser**
Dipl.-Ing. Architekt
Budinskygasse 21
A-1190 Wien
Fotos: S. 185 oben:
Archiv Architekten
S. 185, 186, 187, 188, 189:
Margherita Spilutini, Wien

**Oxen + Römer und Partner**
Architekten BDA Ingenieure
BDB
Gottesweg 165
50939 Köln
Fotos: S. 59: Archiv
Architekten

**Mathias Schründer**
Architekt & Innenarchitekt
Pilatuspool 5 A
22035 Hamburg
Fotos: S. 98: Archiv Architekt
S. 99, 100, 101: Aloys Kiefer,
Hamburg

**Rudolf Seidl**
Dipl.-Ing. Architekt
Mehringer Straße 12
84489 Burghausen
Fotos: S. 8, 22, 23, 24, 27,
34, 38, 108, 109, 110, 111,
112: Archiv Architekt

**O. Prof. Johannes Spalt**
Architekt
Annagasse 4/Atelier
A-1010 Wien
Fotos: S. 16, 17: G. v. Bassewitz, Gruner + Jahr, Hamburg
S. 78, 79, 80, 81: Archiv
Architekt
S. 82, 83, 84, 85: Archiv
Architekt

**Guido Spütz**
Dipl.-Ing. Architekt
Konstanzer Straße 5
10707 Berlin
Fotos: S. 134: Archiv Architekt
S. 135, 136, 137: Aloys
Kiefer, Hamburg

**Knut Stolte**
Architekt
Dipl.-Ing. BDB
St. Salvator 6
83253 Rimsting
Fotos: S. 20, 21: Dorothee
von Mirbach-Kirchhoff,
Bernau/Chiemsee

**Team A Graz**
Architektur Umweltplanung
Dipl.-Ing. Franz Cziharz
Dipl.-Ing. Dr. techn.
Dietrich Ecker
Dipl.-Ing. Herbert Missoni
Dipl.-Ing. Jörg Waldmüller
Merangasse 34
A-8010 Graz
Projektleiter: Herbert Missoni
Mitarbeiter: Dipl.-Ing. Björn
Horten
Dipl.-Ing. Jovica Nikolic
Dipl.-Ing. Claudia Werner
Fotos: Herbert Missoni, Graz

**Ulrich und Hannelore Timm**
Grünplanung – Gartenarchitekten
Papenhuder Straße 40
22087 Hamburg
Fotos: S. 90, 92,. 93: Peter
Munster, Hamburg

**Dr. A. Uffelmann**
Architekt BDA
Lange Laube 19
30159 Hannover
Dipl.-Ing. T. Böcker
Architekt
Oeltzenstraße 26
30159 Hannover
Fotos: S. 163, 164, 165:
Thomas Deutschmann,
Hannover

**Peter Weber**
Dipl.-Ing. Architekt BDA
An der Packhalle IV, Nr. 9
27527 Bremerhaven
Fotos: S. 50, Archiv Architekt
S. 51, 52, 53: H. Willig,
Gruner + Jahr, Hamburg

**Werkgemeinschaft**
Professor Jochen Karrenbrock
+ Manfred Hammers
Melatener Straße 86
52074 Aachen
Fotos: S. 94, 95: Archiv
Architekten

**Werkgruppe Lahr**
Freie Architekten DWB/BDA
Klostermühlgasse 25
77933 Lahr
Fotos: S. 12, 13: Archiv
Architekten

**Kurt Werner**
Regierungsbaumeister
Dipl.-Ing. Architekt
84107 Weihmichl
Fotos: S. 14, 15, 87, 88, 89:
Archiv Architekt
S. 146, 147: Archiv Architekt

**Peter Westrup**
Freier Architekt BDA DWB
Kronberger Straße 20
60323 Frankfurt
Fotos: S. 44: Archiv Architekt
S. 45: Eicken, Fotografie,
Darmstadt